MRace

ME CANSÉ DE TI

WALTER RISO

ME CANSÉ DE TI

¿Por qué seguir con una relación
afectiva absurda, inútil o dañina si
podemos reinventarnos en el amor?

Diseño de colección: Departamento de Arte de Editorial Planeta
Ilustración de portada: Diego Martínez
Fotografía del autor: © Luciana Riso
Diseño de interiores: Jonathan Muñoz

© Walter Riso
c/o Schavelzon Graham Agencia Literaria
www.schavelzongraham.com

Derechos reservados

© 2019, Editorial Planeta Mexicana, S.A. de C.V.
Bajo el sello editorial PLANETA M.R.
Avenida Presidente Masarik núm. 111, Piso 2
Colonia Polanco V Sección
Delegación Miguel Hidalgo
C.P. 11560, Ciudad de México
www.planetadelibros.com.mx

Primera edición en formato epub: abril de 2019
ISBN: 978-607-07-5722-8

Primera edición impresa en México: abril de 2019
ISBN: 978-607-07-5721-1

Impreso en los talleres de Litográfica Ingramex, S.A. de C.V.
Centeno núm. 162-1, colonia Granjas Esmeralda, Ciudad de México
Impreso y hecho en México - *Printed and made in Mexico*.

Los amorosos callan.
El amor es el silencio más fino,
el más tembloroso, el más insoportable.
Los amorosos buscan,
los amorosos son los que abandonan,
son los que cambian, los que olvidan.
Su corazón les dice que nunca han de encontrar,
no encuentran, buscan.

JAIME SABINES, *Los amorosos*

CONTENIDO

INTRODUCCIÓN

Hay un cansancio físico que te obliga a reposar, porque el cuerpo se cuida y te cuida. Es como si dijera: «Ya está bien, no te pases de revoluciones», y también existe un cansancio emocional/afectivo que te empuja a actuar cuando te saturas de una relación o de alguien. Este hastío te repite: «Ya basta, vete de ahí, no continúes». Sin embargo, no siempre hacemos caso a esa información de supervivencia básica, ya sea porque no podemos o bien porque no queremos.

Por ejemplo, un adicto al trabajo (*workaholic*) ignora el aviso protector que llega de su organismo debido al esfuerzo por trabajar más de la cuenta y no sacar tiempo para el descanso o la recreación; estos adictos están tan enajenados en su necesidad de trabajar, que no le prestan atención a las señales que envía el cuerpo (dolores musculares, pesadez, agotamiento físico y mental, migrañas, problemas de sueño) y que les indican: «Estás al límite de tus fuerzas». En vez de parar y encarar el trabajo de una manera más relajada y menos perturbadora, ponen el pie en el acelerador.

La consecuencia es que estas personas, al desconocer las advertencias que llegan de distintas partes de su biología, incrementan la probabilidad de tener problemas cardio y cerebrovasculares.

Un dependiente afectivo funciona de manera similar. Si su organismo, su mente o su ser le dicen que «ya no más» ignora el aviso, lo niega o lo olvida, porque su atención está focalizada en mantener la relación a cualquier costo, no importa qué tan insoportable y dañina sea. ¿La causa? Pura adicción al amor, al otro o a las dos cosas. En estos casos el pensamiento «Me cansé de sufrir» no se procesa o se transforma en el gerundio «Me estoy *cansando*», un aviso a navegantes que en muchos casos no prospera, ya que la decisión de cortar o alejarse del vínculo tóxico se aplaza indefinidamente y más allá de toda lógica. En el amor hay personas que tocan fondo y reaccionan positivamente saliendo a la superficie, y hay otras para las que el *fondo* parece estar del otro lado del planeta.

Habrás escuchado a algunos de tus amigos o amigas quejarse de su vida amorosa una y otra vez y, sin embargo, no actúan; se quedan anclados en el «Me estoy *cansando*» y nunca lo resuelven. ¡Cuánta resistencia a liberarse muestran los enamorados del amor! Algunos se aferran con manos y pies a una relación enfermiza bajo el argumento de que le temen a la soledad o que se debe conservar hasta lo imposible, así sea toda una vida. La meta es morir con las botas puestas, como si el *aguante afectivo* fuera un valor por sí mismo.

Insisto: cuando estás metido en una relación disfuncional, insatisfactoria, dañina, tóxica, insana o peligrosa (aunque en apariencia no lo parezca), el cansancio que te llega es un *cansancio constructivo*, ya que te induce a romper la mala relación y a salir del atolladero. Es como un *darse por vencido* inteligente y sensato, un antídoto ante la obstinación, sobre todo si ya has dado infinidad de oportunidades y la cuestión no se soluciona. Hacer las armas a un lado y decir desde lo más profundo de tu ser: «Esta lucha ya no es mía, me cansé de ti» hace que ese hartazgo sea salvador.

La gente que lo ha sentido sabe a qué me refiero. Cuando te cansas hasta con los huesos, el desapego te murmura al oído: «Acepta lo peor que pueda pasar». El cansancio positivo te lleva a encontrarte a ti mismo y lo maravilloso es que, cuando te encuentras, el otro ya no está. Emancipación y restitución de lo que eres.

No hablo de los *hartazgos normales* (los que no afectan tus principios, tu dignidad o tu autorrealización), de los que se dan en cualquier pareja y se encaran hablando esos problemas y sin poner el amor en entredicho, me refiero a un *agotamiento esencial*, a un *hastío radical* que te hace pensar: «Te amo, pero te dejo, porque no le vienes bien a mi vida» o «A mi humanidad no le conviene estar contigo». Esta fatiga es casi una redención que hace ver la realidad sin sesgos, es un despertar. Ya no invertirás más tiempo en una relación absurda, decidiste a tu favor, pensaste en tu bienestar y comprendiste que un amor que golpea el alma no vale la pena. Mejor una soledad reparadora, estar con los buenos amigos o con la familia; mejor disfrutar de uno mismo en paz, sin nadie que nos amargue la vida.

Me cansé de ti tiene dos partes. En la primera, «Te amo, pero ya no te aguanto», hago un elogio al hartazgo, mostrando cómo el hastío puede abrirnos las puertas para reinventarnos afectivamente. Luego hablo de un *cansancio acumulativo* y de la decepción como un *cansancio inmediato* que te lleva sin tantos argumentos de narices al desamor. Continúo con «Ocho razones por las cuales aguantamos a una pareja que es motivo de sufrimiento», en la que destaco algunas causas por las cuales la gente se opone al cansancio liberador (no siempre de manera consciente) e impide que este siga su curso. Frenos que nos impiden tomar la decisión de «no más» y mandar todo al diablo.

En la segunda parte, «De qué nos cansamos: siete viacrucis», seleccioné siete tipos de relaciones mal avenidas y el factor clave que determina cada disfuncionalidad. A lo largo de estos apartados encontrarás una serie de reflexiones y sugerencias para vencer la resignación que muchas veces nos atrapa y nos hace perder el norte. También encontrarás siete cartas de despedida, según sea el caso, que, a manera de ejemplo, te pueden servir para elaborar la tuya.

Este libro va dirigido a cualquier persona que no es feliz en su relación de pareja y se siente aprisionada; especialmente a los enamorados que evitan, por diversas razones, hacerle frente a una experiencia afectiva tóxica y se consuelan con el autoengaño. El contenido del texto está hecho para que el realismo se imponga y dejemos de sufrir inútilmente. Espero que si te encuentras en un vínculo afectivo absurdo, irracional o peligroso, después de la lectura de estas páginas puedas tomar la mejor decisión.

PARTE I

TE AMO,
PERO YA NO TE AGUANTO

Los amores son como los imperios: cuando desaparece la idea
sobre la cual han sido construidos, perecen ellos también.

MILAN KUNDERA

Cuando una puerta se cierra, otra se abre; pero muchas veces
miramos tanto tiempo y con tanto pesar hacia la puerta
cerrada, que no vemos la que se ha abierto para nosotros.

ALEXANDER GRAHAM BELL

Elogio al hartazgo

En las relaciones de pareja que no funcionan bien, perseverar no siempre es conveniente. Cuando la relación es realmente mala y/o enfermiza la insistencia testaruda te llevará a un callejón sin salida, retrocederás emocionalmente, en vez de evolucionar. Probablemente has acudido con psicólogos, entrenadores y asesores espirituales para tratar de mejorar tu vínculo afectivo sin resultado. Te preguntas si no existe en ti una oscura tendencia que te hace sufrir una y otra vez por lo mismo sin encontrar respuesta. Quieras o no, la paciencia se agota. Y pese a los intentos por salir del atolladero emocional, tu compañero o compañera no cambia un ápice.

Has descubierto que la palabra no siempre tiene poder, o al menos con la persona que amas pareciera que no funciona: ella no procesa lo que le dices, no puede o no quiere entender. La sensación es la de una impotencia existencial, como si estuvieras en una enorme planicie de tierras movedizas y cuanto más quieres salir, más te hundes. Esa es la paradoja de los malos amores o de los que no valen la pena, como una maldición, cada intento de escapar te regresa al punto de partida.

Quizás no debas hacerle caso a los optimistas del amor. *Definitivamente hay relaciones que son insoportables, demasiado pesadas e irrecuperables.* Cuando ves esto de manera descarnada, sin analgésicos y sin autoengaños, despiertas y reaccionas: «¿Qué diablos hago aquí?».

El camino de la liberación afectiva es dejarte llevar por tu instinto básico de supervivencia, por tus principios y el *cansancio constructivo*, y digo «constructivo» porque te empuja a soltar el lastre emocional que te aplasta. Cuando dices en serio, hasta con la última célula de tu cuerpo: «Me harté de esta relación», una maravillosa forma de alivio se impone en tu interior. Hartarse es entregar las armas, no por cobardía, sino por principios, es rebelarse contra la esperanza inútil y el sufrimiento que genera seguir esperando peras del olmo. Dirás, como en una iluminación: «Esta batalla no es mía, ya no me interesa». Sentirte hastiado de una pésima relación es prender tu motor interior y actuar en consecuencia. ¿La razón? Te cansaste de llevar el dolor a cuestas, de armarte de paciencia hasta los dientes, de ser una persona objetiva, ecuánime, cuidadosa y comprensiva para que todo siga igual. Y entonces llega un chispazo de sabiduría básica, aquella que caracteriza a los buenos guerreros: sabrás elegir tus batallas y metas vitales; las tuyas y no las impuestas por el orden social, familiar o moral, las que realmente te pertenecen. No son los *debería*, sino lo que te nace, lo que deseas de corazón, lo que vale la pena para ti, aunque los demás no te entiendan.

Si el desencanto más profundo hace mella en ti y la extenuación se impone, ya no importará lo que fue o lo que podría llegar a ser, todo esfuerzo y sacrificio perderán su sentido. Lo dejarás ir, ya no serán tus problemas, serán sus problemas, y que haga lo que quiera. Cansarse, hartarse o saciarse del otro es entrar al desapego por la puerta de atrás, pero es desapego al fin. Ensáyalo, y una vez que te encuentres con la mirada de él o de ella, la misma en la que buscaste tantas veces un destello de ilusión, exprésale desde lo más hondo de tu ser: «Me saturé de tus cosas, de tus problemas, de que no sepas si me amas, de tu frialdad, de hacerme cargo de tus emociones, de tus obsesiones», o cualquier otra cosa que te nazca decir.

No quiero afirmar con esto que nunca vale la pena intentar salvar una relación disfuncional. ¿Cuándo hacerlo? Cuando tu vínculo afectivo, a pesar de estar en un mal momento, sigue siendo una forma de crecimiento personal, de progreso psicológico, emocional y espiritual. Pero si perjudica tus principios, tu dignidad y respeto como persona, tu autorrealización o tu bienestar, tu salud física y mental, hay que irse. Lo enfermizo, aquello que te hiere y altera negativamente o a tu humanidad no se justifica ni siquiera por amor.

El agotamiento emocional categórico, es decir, aquel que toca fondo y te obliga a ver las cosas como son, hace que te detengas y te observes a ti mismo de manera directa y sin analgésicos. Un alto en el camino que te permite ver lo inútil, lo absurdo o lo peligroso de tu manera de pensar y vivir el amor. Autoconocimiento en estado puro, así duela.

Sin embargo, algunas personas, aun a sabiendas de que están mal emparejadas y de que pagan un precio muy alto por estar allí, esperan a *desenamorarse* para tomar decisiones. Algunos pacientes me dicen: «Pero ¿qué hago, si lo amo?». En esos casos, el pensamiento que se repite como un lamento es: «Me gustaría no quererte».

Frente a lo dicho, una aclaración importante: cansarte de un vínculo afectivo no necesariamente es dejar de amar. Es posible que decidas romper con alguien aunque lo sigas *amando* (así ese amor no tenga ni pies ni cabeza).

Lo que debes comprender es que no necesitas esperar a que llegue el desamor para salvarte: *puedes elegir salirte de una mala relación simplemente porque no le viene bien a tu existencia, así el amor insista.* ¿Duele? ¡Por supuesto! Pero se trata de tu vida. A veces hay que elegir entre dos dolores: uno que te libera y otro que te esclaviza. Una paciente lo resumió muy bien al decirle a su marido en mi consulta: «Lo siento, mi amor, prefiero extrañarte que aguantarte».

No importa cuánto *invertiste* en la relación y la cantidad de intentos fallidos, simplemente se acaba, el vínculo se extingue, pese a tus intentos de reanimarlo. Una frase mágica que induce fuerza interior, así parezca contradictoria es: «Te amo, pero te dejo». «Pero ¡si aún hay amor!, ¿cómo se le ocurre?», dirán algunos. Mi respuesta es sencilla: *con el amor no basta.* Si vivir con la mujer o el hombre que amas se ha convertido en una tortura, pregúntate por qué insistes en lo mismo. «Te amo, pero te dejo», cuando sea necesario hacerlo, es una actitud protectora e inteligente que te llevará a reinventarte una y otra vez en pleno ejercicio de la autonomía.

No pienses que luego de una ruptura hay que *empezar emocionalmente de cero.* Salir al encuentro de la nueva vida implica entregarte a ella con pasión y entusiasmo, pero con la experiencia y los pies en la Tierra, y con la certeza de lo que *no quieres repetir.* Tú inventas y determinas tu destino, lo ordenas o lo desordenas, lo construyes o lo destruyes, lo embelleces o lo afeas. Ha-

blo de una estética de la existencia, que consiste en hacer de tu vida una obra de arte, con defectos y virtudes,
pero que tú la realices como quien pinta un cuadro o
esculpe una estatua.

Si tu relación de pareja es realmente mala y no hay
nada qué hacer, ¡qué maravilla cansarse del otro, de la
relación y de la necedad de querer salvar lo insalvable!
Valentía y emancipación juntas y de la mano. Tendrías
que revisar el trueque inicial de mezclar tu existencia
con la de tu pareja y revertirlo (porque sí puede hacerse): «Te devuelvo tu vida, que es tuya, y rescato la mía,
que me pertenece». Nadie es de nadie. El amor son dos
individualidades que se abrazan, no son *dos que parecen uno*, son dos sujetos libres y separados que incur-
sionan uno en el otro para hacer contacto y descubrirse
mutuamente.

Cuando te hartas de verdad y hasta las últimas consecuencias, el molde en el que estás atrapado vuela por los
aires y la armadura se desmorona. Si algún día lo sientes,
grítalo a todo pulmón, escríbelo en las paredes de tu ciudad, cuélgate un cartel y anuncia por las calles la buena
nueva: «Recuperé mi vida». Te habías perdido y te ha-
llaste en el alivio que produce un *cansancio productivo*.

Que tu vida sea un elogio a la rebeldía y no una
muestra lastimera de entrega irracional. No hay una ley
universal ni cósmica que diga que debes sacrificarte por
alguien que no sabe amarte o, incluso, te lastima. Dejé-
monos de actitudes masoquistas, el buen amor acaricia,
cuida, sonríe. Y también es recíproco, no milimétrico,
sino democrático: una democracia afectuosa y apasio-
nada a la vez ¿Que hay que luchar por lo que vale la

pena? De acuerdo, *por lo que vale la pena*, por lo que te hace mejor ser humano, más completo, más íntegro. Más adelante veremos que la perseverancia ciega y obstinada es un antivalor que puede llevarte a una forma de esclavitud socialmente aceptada.

Mira tu relación afectiva sin máscaras. Dime: ¿No te han dado ganas de mandar todo al diablo y salir corriendo sin rumbo alguno, sin meta, solo correr por correr, como en aquella película, *Forrest Gump*? Cuando dices, de verdad y desde lo más hondo de tu alma: «Me cansé de ti», estás manifestando algo increíblemente poderoso, estás diciendo: «Ya no acepto el juego de un amor insuficiente o dañino». «Me cansé de ti» significa: «Voy a sanarme, voy a alejarme de todo lo nocivo de esta relación mal concebida y mal ejecutada». Es un comienzo, es darse cuenta de que estás gastando energía vital de manera improductiva.

Llegan dos personas a mi cita. Son pareja. Entran discutiendo con gritos e insultándose, como si yo no estuviera presente. Los invito a sentarse y acceden sin dejar de mirarse con fastidio. Al poco tiempo me cuentan que son como perro y gato. Todo es complicado y cada altercado se hace interminable, porque no coinciden en su visión del mundo, en sus gustos ni en sus aspiraciones. Entonces les pregunto por qué siguen juntos y si no han pensado alguna vez en separarse. De inmediato dejan de pelear y la ira que manifestaban entre ellos se dirige hacia mí, paso a ser su enemigo principal. Se toman de las manos, se ponen de pie y me dicen, casi al unísono: «¡Es que nos amamos!». Les pido que se sienten. Siguen con las manos entrelazadas, y digo: «Qué lástima… Si no se amaran, cada uno podría estar con una persona más afín a lo que cada uno es», y pienso para mis adentros: «¡Bendito desamor, cuando te mantiene lejos de la persona que "no es" o te saca de una relación insufrible!». A una paciente que sí tenía claridad le pregunté de qué estaba cansada, y su respuesta fue: «De intentarlo, doctor, de intentarlo…».

Cansancio vs. decepción: dos tipos de hastío

Versión lenta: cansancio acumulativo y frustración eficiente

Hay un tipo de cansancio que se va acumulando poco a poco, crece y se nota, porque se hace cada vez más pesado de sobrellevar y nos ayuda a tomar decisiones. Hay otro que parece no tener fondo, la copa nunca se llena. Ese cansancio se diluye en algún lugar de la mente, del cuerpo o del corazón.

El que me interesa es el primer tipo de agotamiento, el que avanza, así sea despacio, y cumple su cometido. En esta versión, la memoria va registrando en silencio la insatisfacción. Hay una contabilidad interior de eventos y actitudes que molestan y dificultan el andar cotidiano junto a la persona que decimos amar. Desprecios, conductas egoístas, frialdad, en fin, golpes bajos que merman la fuerza del amor. ¿Cuánto dura el proceso para llegar al tope y que la ruptura se genere? Como verás más adelante, depende de tus miedos, apegos, inseguridades, creencias y valores. A más obstáculos, más tiempo. Y aunque la separación duele, a veces la mente lleva a cabo un balance que consiste en elegir, de entre dos males, el menor. Como dije antes, he visto casos en los que la otra persona es tan insoportable, que *duele más quedarse con ella que irse.*

Existe un factor adicional que ayuda a mandar todo al diablo: la *frustración útil* o *eficiente.* Lo intentas, te inventas formas y modos de restablecer el orden emocional de la relación, te sacrificas, negocias cosas que no deberías negociar o dices «sí» cuando quieres decir «no»; en fin, trabajas para una meta que, como sugerí antes, parece alejarse cuanto más te esfuerzas. Es como si tu pareja estuviera en otro planeta: no comprende, no sabe, no responde o le importa un rábano.

La respuesta natural a estas tentativas fallidas, además de la *apreciación cognitiva* evidente de que la cosa no funciona, es la frustración: la imposibilidad de alcanzar un objetivo o satisfacer un deseo pese a trabajar en ese sentido. Las reacciones emocionales más comunes cuando te frustras son ansiedad, tristeza e ira. Aquí viene lo interesante: es posible tomar la ira reflexivamente. No hablo de agresión o violencia dirigida a la otra persona ni a nadie, sino de la sensación interior, pura y concentrada de un enojo que es posible transformar en *indignación*. Indignarse es un sentimiento exclusivamente humano que se traduce como 'ira contra la injusticia'. No es una pataleta, es un sentimiento de protesta esencial ante ciertos comportamientos y actitudes (en este caso, ante tu pareja o la relación misma) que consideras indebidos o ilícitos respecto a tu dignidad personal. El poder que la mueve es la convicción profunda de que las cosas deben cambiar para mejor. La indignación es una fuerza interior que te empuja a la desobediencia, a no resignarte, a señalar lo que te disgusta y no eres capaz de aceptar por más que lo pinten de rosa. Toma entonces la ira que te genera la frustración de estar metida o metido en una pésima relación y ponla al servicio de tu bienestar. Además de «Me cansé» agrégale un profundo «No es justo que yo entregue parte de mi vida a alguien que no mueve un dedo por mí» (*indignación*). Cuando el *cansancio positivo*, la *frustración eficaz* y la *apreciación cognitiva* de que la cosa no funciona se juntan, te conducirán a la liberación afectiva, sin culpas y con muy poco pesar.

A veces se argumenta que hay que tener paciencia, «que todo llega», que la abnegación nos llevará por buen camino, pero en el amor insuficiente o mal concebido, mantenerse a la espera no siempre es adaptativo y ventajoso. Un paciente me decía, luego de hacer un *insight* sobre su situación de pareja: «Todos me dicen que tenga paciencia, que ella dejará a su amante, que solo se trata de algo furtivo, que trate de comprenderla. Usted sabe que lo he intentado... Pero anoche... anoche me sentí como su cómplice y me indigné con ella y conmigo mismo. Lo tengo claro: yo le estoy patrocinando el engaño y no voy a seguir haciéndolo. Si no me aman, bien, que no me amen. Empaqué y me fui con la tranquilidad interior de estar haciendo lo correcto y sin tanto dolor. Que se quede con su amante». La paciencia es una virtud si no te quita el impulso de luchar cuando hay que hacerlo.

Versión rápida: saturación inmediata y, casi siempre, irreversible

Existe otra forma de renuncia que no necesita tanto tiempo de elaboración. Más que un «Me cansé» es un «¡Basta! ¡Hasta aquí llegamos! ¡Lo que hiciste no tiene nombre!». Categórico, arrasador como un vendaval. Me refiero a cuando él o ella generan en ti, debido a sus comportamientos (a veces con uno basta), una tremenda, colosal y épica *desilusión*. Desencanto duro y puro. De pronto, el amor se atasca, se congela y posibilita el alejamiento y la ruptura.

Una mujer casada en segundas nupcias me explicaba: «Lo dejé de amar en un santiamén cuando me di cuenta de que abusaba sexualmente de nuestra hija. Mi corazón se vació. De un momento a otro no había nada. O bueno, sí, apareció una profunda sensación de asco. Lo eché de la casa y no lo volví a ver hasta que un día me pidió perdón y se lo negué. Nada justifica lo que hizo. No hay atenuantes ni disculpas». Cada quien perdona lo que considera *perdonable*. El caso es claro: del placer y el gusto que otorga el afecto, a la repugnancia en un instante. ¿Todavía dudas de que el amor tenga límites?

Como una bomba silenciosa, el desengaño aplasta hasta el último reducto de convivencia y de afecto. Nada de ti quiere estar con la persona que amabas. La haces a un lado sin pena ni gloria. En realidad, cuando sobreviene la *desilusión afectiva*, descubres que detrás del ser que amabas se escondía alguien completamente distinto y desconocido para ti, alguien que no te agrada en lo absoluto.

Veamos dos ejemplos, uno imaginado y otro cine-matográfico:

- Supongamos que estás en casa con tu esposa y tus dos hijas. De repente, empieza a temblar. Las paredes crujen, los cuadros se caen, el piso se mueve bajo tus pies, se desprende polvo del techo y todo se hace borroso. Las niñas se abrazan a ti y lloran. Todo ocurre muy rápidamente y apenas puedes reaccionar. Entonces llamas a tu mujer con angustia para que te ayude con las pequeñas, pero alcanzas a ver cómo sale corriendo hacia fuera. Repites su nombre, esta vez gritando y escuchas su voz escalera abajo: «¡Corran, corran!». Luego las cosas vuelven a la normalidad. Ya no tiembla, solo alguna réplica de tanto en tanto, sin trascendencia. La mujer sube y pregunta con aparente preocupación: «¿Están bien? ¿Están bien? ¡Gracias a Dios!», y los abraza a las tres. ¿Qué sentirías si fueras su marido? ¿Qué pensarías? ¿Cómo te afectaría el hecho?

- En la película sueca del año 2014 titulada *Fuerza mayor* y dirigida por Ruben Östlund ocurre algo similar. En una estación de esquí, la nieve comienza a desprenderse y se dirige a la terraza del hotel, en la que se encuentran los protagonistas a punto de almorzar, una familia compuesta por papá, mamá, un niño y una niña. Todo hace predecir una catástrofe. La gente grita y trata de salvarse. La madre, instintivamente, abraza a sus dos hijos, mientras el padre toma el celular, escapa y los deja solos. Luego, al ver que el alud se detiene y no sucede nada grave, el hombre regresa con ellos y les pregunta con evidente nerviosismo cómo están. A partir de ese momento, la mujer entra en *shock*, no tanto por la avalancha como por la actitud de su marido. Ella empieza a sentir una profunda decepción hacia su compañero, quien se defiende afirmando que no es para tanto. No contaré el resto de la película, ya que vale la pena verla.

En las dos situaciones planteadas, es probable que se pierdan dos de los aspectos más importantes del amor: *admiración* y *confianza*. Habrás conocido un lado perverso y cobarde de la mujer o del hombre que amas. De ahí al desamor hay un paso, y a un adiós definitivo, un pasito. Desamor instantáneo, sin reflexión, como un balde de agua fría que transforma tus sentimientos y los reacomoda. ¿Cómo amar a quien no se admira o a quien ya no se le tiene confianza, a quien huye en vez de ayudarte?

Cuando la manera de ser de tu pareja choca con tus valores fundamentales y no negociables, se produce una mezcla de asombro, desencanto y descalabro. No lo percibes como un simple error o una equivocación que podría tener cualquiera, sino como una falta que no encaja en tu estructura cognitivo/afectiva y en tu visión del mundo.

No obstante, hay gente que para reducir la tensión que produce este tipo de conflictos cambia sus creencias más sentidas, con tal de no perder a la persona amada. Se *corrompen* por amor. El problema es que los principios (valores, creencias esenciales) son el núcleo duro de tu ser, lo que orienta tu vida y tu manera de concebir el mundo; si los modificas a conveniencia, terminarás vendiéndote al mejor postor, serás un pequeño bote a la mitad del océano, sin más dirección que la que le imprime el viento, te faltará fortaleza interior y autodirección. La conocida frase atribuida a Groucho Marx muestra de manera humorística esa falta de coherencia básica: «Estos son mis principios, pero si no le gustan… tengo otros».

Ocho razones por las cuales aguantamos a una pareja que es motivo de sufrimiento

¿Por qué soportamos tanto a una pareja que se convierte en motivo de sufrimiento? ¿Qué nos impide hartarnos de ella y romper definitivamente?

Negarte a seguir tolerando una relación afectiva en la que el bienestar brilla por su ausencia y el sufrimiento crece como un cáncer es un acto de lealtad para con tu persona. Es el «no» que surge como una forma de autoconservación básica y natural. Un despertar del cual no todos somos capaces. A veces estás a punto de tomar la decisión de romper, parece que ya llegaste al límite y algo te detiene. Sin embargo, tu cuerpo, con su sabiduría, quiere irse, escapar, respirar al aire libre e incluso te indica el camino, pero eres incapaz. Dos fuerzas interiores se oponen y entran en conflicto.

Los factores que impiden que el «hartazgo liberador» llegue a feliz término y se consolide en un adiós inteligente son muchos. Estas causas (miedos, creencias, actitudes, comportamientos, emociones) obran como un freno de emergencia que detiene el proceso normal de mandar todo al diablo. Tristemente en muchos casos es la resignación la que gana la batalla. Cuando esto sucede, significa que las trabas interiores o exteriores pudieron más que el empuje del agotamiento y las ganas de emanciparse.

Insisto: soportar lo *insoportable* o el aguante por el aguante no es un valor, y menos si atenta contra tu bienestar. Si una persona me dijera con cara de faquir experimentado: «Llevo cuarenta años de casada», más que felicitarla, le preguntaría cómo fue ese tiempo, si realmente disfrutó esos cuatro lustros o resistió heroicamente. Si la cuestión fue buena o bastante llevadera, le diría: «¡Qué bien!», y si fue un calvario, le diría: «¡Qué estupidez!».

Aunque hay más factores, de acuerdo con mi experiencia como terapeuta, las siguientes ocho razones son las que considero más significativas y las que mejor explican el *aguante* en una mala relación.

1. *El miedo a enfrentar la vida sin tu pareja, porque te sientes una persona débil o insegura*

Si tu autoeficacia o autoconfianza es pobre, si no te sientes capaz de hacerte cargo de ti mismo, tu pareja se convertirá en una especie de guardaespaldas. Creerás que la amas, pero en realidad necesitas de alguien más fuerte que te ayude a sobrevivir en un mundo que percibes como amenazante y complicado. No te enseñaron a hacerlo o no aprendiste. El psicólogo Albert Ellis se refiere a esta dependencia como «La idea de que se debe depender de los demás y que se necesita a alguien más fuerte en quien poder confiar». El imperativo que surge de este esquema de minusvalía es: «Debo hacer todo lo posible para no estar solo y mantener a la persona que *me cuida* a mi lado, no importa el medio que utilice».

Si este es tu caso, podrías entrar en el siguiente círculo vicioso: cuanto más te ayuden, menos sabrás de lo que en verdad eres capaz, esto reforzará tus sentimientos de debilidad y entonces pedirás más protección y auxilio, lo cual incrementará nuevamente tu percepción de incapacidad. La tormenta psicológica perfecta. El apego te atará a la otra persona, no importa cómo sea.

Si el hombre o la mujer que amas representa una fuente de seguridad imprescindible para sobrevivir, el temor a perderlo o a perderla hará que soportes cualquier cosa a cambio, con tal de mantener el vínculo. Una vez le dije a una paciente: «¿No se cansa de que la trate mal todo el tiempo?». Ella me respondió: «¿Cansarme? ¿Cómo se le ocurre? Eso significaría dejarlo, alejarme de él... ¡No sería capaz! Soportaría cualquier cosa».

Algunas recomendaciones:

• Ponerte a prueba y hacer callo. Tratar de resolver tus problemas sin ayuda, así sean simples. Hacerte cargo de las cosas que evitas. No te pido que mandes todo al diablo de una vez y te sometas a la más despiadada ansiedad pero, quieras o no, debes avanzar. Entonces, inténtalo poco a poco, sin contarle a nadie. Que sea tu tarea, tu proyecto de tesis, tu misión en los próximos meses. *Empieza a hacerte cargo de tu persona*. Si no te atreves, nunca sabrás hasta dónde puedes llegar y qué tan fuerte eres. La vida te quiere en plena actividad, luchando por tu felicidad y tus ideales. Aunque te cueste creerlo, dentro de ti habita un guerrero o una guerrera que solo espera que lo dejes salir libremente.

- Piensa, repasa y vuelve a repasar si en verdad amas a tu pareja o solo es un refugio en el que te sientes a salvo. El miedo subyuga, paraliza, quita seguridad y capacidad de tomar decisiones. No cambies *protección* por dignidad. Es preferible que corras el riesgo de equivocarte y crecer, a seguir con alguien por *necesidad*. Deja que el cansancio constructivo te indique el camino. Cuando te hartes de depender, aceptarás lo peor que pueda pasar con valentía y descubrirás que, muchas veces, aquello que considerabas como lo *peor* (por ejemplo, perder a tu pareja) resulta ser lo *mejor* (por ejemplo, sentirte dueña o dueño de ti mismo).

- Elimina los pensamientos que refuerzan la idea de una supuesta debilidad (bloquéalos, rompe la cadena que engancha uno con el otro, no los dejes avanzar): «No soy capaz», «Definitivamente soy inútil», «La vida es muy difícil», «Sin él o ella a mi lado no sabría qué hacer», «Necesito sentirme segura o seguro todo el tiempo», «Necesito a alguien más fuerte a mi lado para poder sobrevivir». Quítalos, arráncalos como si te quitaras una espina. No los dejes progresar. Corta el flujo negativo diciendo: «¡Basta!», cada vez que un pensamiento derrotista llegue a tu mente.

> No podrás acabar con tu relación cuando lo amerite si te sientes débil y consideras a tu pareja como la *mejor cuidadora* que puedes tener. Tu debilidad/inseguridad decidirá por ti. Será el freno que te hará seguir aguantando lo que no deberías, incluso si el hastío/cansancio te empuja o intenta acelerar una ruptura lógica y deseable.

2. El miedo a la soledad afectiva, porque en el fondo piensas que no eres querible

A diferencia del punto anterior, aquí el temor se concentra en que si la relación actual se rompe, *nadie más te amará porque en esencia eres poco querible*. La pesadilla tiene nombre: *soledad afectiva.* ¿Por qué? Porque no te sientes una persona interesante, atractiva, inteligente, graciosa, culta o cualquier otra cosa que tú creas que no tienes a tu favor. Un pasado de fracasos afectivos también ayuda a esa autopercepción. Como resulta obvio, con este bagaje nocivo a cuestas es muy posible que el miedo a la soledad afectiva se vuelva crónico y tu capacidad de aguante se multiplique.

Cuando la creencia de que nadie más te querrá se instale, te harás tu propio lavado cerebral para seguir enganchado a quien te hace el *favor de amarte*. Dirás como un disco rayado: «Mi relación no es tan horrible», «Hay parejas peores», «Al menos es una compañía».

En cierta ocasión, luego de varias citas, una mujer me dijo con una mezcla de rabia y tristeza: «¡Míreme! ¡Quién se va enamorar de mí!». Su marido era un desastre y cada vez que podía le decía que era muy fea y gorda. Dejé de verla y, a los dos años, volvió a mi consulta debido a un problema que tenía con su hija. ¡Estaba radiante! Su piel parecía de porcelana, sus ojos echaban chispas de energía positiva, llevaba un atuendo moderno, se veía relajada y no dejaba de sonreír. Sin preguntarle, supe que se había liberado del sujeto que la martirizaba, ya no era víctima, ya se consideraba querible y sus esquemas negativos habían desaparecido. ¿Cómo mejoró? Otro hombre leyó su alma y se enamoró de ella. Le costó convencerla de que la amaba de verdad, porque ella no le creía. Y entonces, según me contó luego, una tarde cualquiera, le dijo a su marido con voz tranquila y sin quitarle la mirada: «Me harté de ti. Eres un monstruo». El tipo no dijo nada, empacó y se fue. Quizás comprendió que ya no podía ejercer su papel de verdugo, porque ya no había víctima, su mujer ya no se sentía un despojo emocional.

Algunas recomendaciones:

- La premisa que surge de mi experiencia como psicólogo clínico es la siguiente: seas quien seas y hagas lo que hagas, siempre habrá alguien a quien le gustarás y estará dispuesto a amarte hasta reventar. Lo único que debes hacer es que el mundo se entere de que estás *disponible* para dejar entrar el amor. Si tuviéramos un mecanismo de nacimiento que se pusiera en marcha cuando estamos buscando pareja, por ejemplo, una luz roja que no pudiéramos ocultar, no tardaría mucho en que otra persona, también con la luz roja encendida, se acercara.

- Si rompiste una relación y la soledad afectiva te está haciendo daño, la siguiente reflexión puede servirte: *"Hoy* no tengo pareja, pero haré las paces con la soledad en la que me encuentro. Me abrazo a ella. A partir de este momento me declaro en huelga afectiva. Sin letreros ni aspavientos. Es una decisión íntima y personal. Un secreto de estado: *ahora soy yo quien no quiere estar con nadie.* Construiré mis espacios, mi recreación y me acercaré a mis amigos, amigas y familia. Recuperaré los sueños y la libertades que alguna vez tuve y que hice a un lado por la persona que amaba».

- Si lo que pretendes es tener la certeza de que jamás te dejarán, estás en un problema, porque la probabilidad siempre existe. La estrategia de Pablo Neruda podría servirte cuando escribió: «Me enamoré de la vida, es la única que no me dejará sin antes yo hacerlo». Es verdad y de una gran belleza. Pero en el amor interpersonal hay que correr riesgos, no queda de otra.

> No podrás mandar todo al diablo cuando lo amerite si crees que tu pareja te está haciendo un favor al estar contigo porque no eres querible y nadie más te amará. Tu autoconcepto empobrecido decidirá por ti. Será el freno que te hará seguir aguantando lo que no deberías, incluso si el hastío/cansancio te empuja e intenta acelerar una reestructuración lógica y deseable de la relación.

3. Las creencias religiosas radicales

En muchas religiones la *permanencia conyugal* es considerada como un valor ejemplar y una muestra de amor a toda prueba, no importa cómo sea el matrimonio. El principio parece ser: cantidad, más que calidad. Esta *afectividad ascética* exige mantener el vínculo, independientemente del nivel de insatisfacción de los cónyuges y de los motivos que la ocasionan: agresión física, maltrato psicológico, desamor, ausencia de deseo, infidelidad o dependencia emocional; nada justifica la ruptura. Ninguna causa terrenal puede deshacer el compromiso entre dos personas que asumieron estar juntas por un amor *trascendental*, aunque este amor ya no esté presente y se lleven a cabo un sinfín de barbaridades en su nombre. En este contexto, lo que te atará a esa persona, así ella sea inadecuada, no serán solo tus decisiones, sino una ley divina. Estar allí y sostener la relación se convertirá en una obligación moral y/o un designio espiritual.

Para luchar contra esa determinación que te induce a seguir donde no debes ni quieres estar se necesita mucha valentía y un cúmulo de transformaciones que no son fáciles de lograr si realmente las creencias se estructuran en un acto de fe.

Desde esta visión, si te hartas o te cansas de la manera de ser de tu pareja (insisto: así las razones sean evidentes y a veces sean un motivo urgente o de vida o muerte), entrarás al nebuloso mundo del pecado. En otras palabras: no interesa tanto si amas o no a tu media naranja, deberás estar al pie del cañón pase lo que pase.

La adhesión ciega a tus creencias religiosas, respetables desde luego, hará que aguantes lo inaguantable.

Una mujer mayor venía soportando el maltrato psicológico de su esposo y humillaciones de todo tipo desde hacía varios años. En la primera consulta me aclaró: «Soy creyente, y lo que Dios unió, el hombre no lo puede separar. Él siempre seguirá siendo mi esposo». Pero tampoco era capaz de oponerse a las afrentas a las que era sometida por el hombre. Le propuse un programa de entrenamiento asertivo para reafirmar su autoestima y tratar de defenderse de los ataques del marido. «No es mi estilo, soy pacífica», me dijo. Le expliqué que ser *asertiva* no era ser *agresiva*, porque ella no violaría ningún derecho de su marido; simplemente marcaría límites. No aceptó, porque sostuvo que él «se pondría furioso». Entonces me expresó sus expectativas terapéuticas: «Lo que yo necesito es que él cambie». Sin embargo, el hombre se negaba a recibir cualquier tipo de ayuda e incluso se ofuscaba si ella se lo sugería, arguyendo que él no estaba loco y que las terapias solo les servían a las personas poco inteligentes, como ella. En esa misma cita le solicité un ejemplo de agresión/ humillación a la que era sometida. Pensó un rato, como tratando de elegir cuál, y me dijo: «Cuando no le gusta la comida que hago, la tira al suelo, me hace arrodillarme y me obliga a comérmela». Mi paciente esperaba un milagro: que el sapo se convirtiera en príncipe o el rufián en caballero. Pretendía que, de un momento a otro, por obra y gracia de algún *tip* dado por mí, su marido cayera en cuenta de que existían los derechos humanos y debían respetarse, incluso en su mujer. Le sugerí que Dios comprendería si ella se dejaba llevar por el cansancio (el cual era evidente) y lo dejaba, que se trataba de un caso extremo de supervivencia física y emocional, pero yo no era una persona autorizada en la materia. De inmediato se defendió: «¡Yo estoy cansada, pero es mi deber!». Pedí la colaboración de un cura amigo y la ayudó a ver las cosas desde otra visión. Finalmente logró separarse, aunque la culpa se mantuvo un tiempo considerable y hubo que tratarla. Una vez me dijo: «No entiendo por qué tengo este sentimiento de indignación que no me deja en paz».

Hay casos de resistencia irracional a la separación, en los que el autocastigo manda y la culpa está presente. El sacrificio de seguir con la persona insoportable adquiere el significado de una condena («Me lo merezco») y/o forma de expiación («Debo reparar o enmendar mis actuaciones o mi condición»). La relación afectiva disfuncional y dañina es vista como una enorme carga que habrá de sobrellevarse dócilmente, con una especie de resignación ineludible, como si fuera un calvario. Uno esperaría que en muchas mujeres posmodernas, y debido a la influencia del feminismo cada vez más creciente, ya no existiera aquel precepto taxativo bajo el cual se movían nuestras abuelas en el siglo pasado: «El matrimonio es una cruz». Pero, por desgracia, aún persisten muchas culturas y grupos sociales en los que la mansedumbre, al precio que sea, es bien vista.

Algunas recomendaciones:

• Una reflexión adaptativa sin alterar tus creencias: Dios, o en lo que tú creas, si es un ser superior y pleno de amor o bondad, no querrá que vivas un infierno aquí en la Tierra. Él no quiere que seas una víctima pasiva y profundamente infeliz porque has cometido el traspié de elegir a una pareja inadecuada o te has dejado engañar por ella.

- Habla de este tema con tu asesor espiritual y pregúntale tus dudas para tener claras las respuestas y opciones que se te plantean. Por ejemplo, de acuerdo con la doctrina que ejerces: ¿cuándo está admitido separarse?, ¿existe un sufrimiento justificado y otro injustificado?, ¿sufrir y agachar la cabeza es un valor o a veces hay que oponerse? Es muy posible que la sensatez y el sentido común de aquellos que te guían en tu vida espiritual te auxilien. Pero, de no ser así, deberás empoderarte de tu persona, salir del letargo y tomar decisiones cruciales, lo cual implica hacerte cargo de sus consecuencias. ¿Cuáles decisiones? Poner límites, quedarte o irte y definir de una vez por todas qué tan importante es para ti luchar por tu felicidad.

- A veces, en situaciones como las que he señalado, las personas me dicen con angustia: «¡Pero yo lo conocí así! ¡Yo sabía cómo era! Y ahora… pues, no tengo el derecho a quejarme». El siguiente silogismo mal planteado atrapa a mucha gente: *si acepté a mi pareja como era, deberé aguantarla, porque yo conocía su manera de ser.* Como si dijeran: «Juré, recontrajuré y certifiqué mi compromiso, ¿cómo voy a quitarme ahora?». Ojo, que no nos estamos refiriendo a un negocio en el que hay en juego dinero o bienes materiales; de lo que estamos hablando es de una vida, de su calidad y su salud. ¿Qué decir del silogismo? Está mal construido. De la premisa no se extrae lógicamente la consecuencia. Podríamos decir, por ejemplo: «Te conocí así, como eres, pero cambié de opinión», por la razón que sea. Una falla no te condena de aquí a la eternidad. Dicho de otra forma: jurar bajo los efectos del enamoramiento o de la obnubilación y la expectativa de que todo será color de rosa no te hace un ser indeseable e impenitente. Más aún, podrías decir, y con eso bastaría: «¡Dejé de amarte, me hiciste mucho daño!». Me pregunto: si está establecido y culturalmente aceptado (incluso por todo tipo de instituciones religiosas) que el amor es el motivo por excelencia para casarse o establecer un vínculo estable, ¿por qué el *desamor* no es una causa suficiente para que una pareja deje de serlo? No estoy diciendo que debas ir comprometiendo tu palabra y tu corazón en todas partes y luego acomodarla a conveniencia, sin motivos válidos; lo que afirmo es que, en las cuestiones del amor, podemos cometer grandes errores sin ser malintencionados y, por lo tanto, tenemos el derecho a cambiar de opinión.

• Pongamos un ejemplo para que reflexionemos juntos: si te enamoras de una persona con rasgos psicopáticos que, como todo buen psicópata, oculta y disimula su personalidad y luego de un tiempo asoma su lado más oscuro, ¿qué culpa tienes? ¿Debes quedarte ahí, con Hannibal Lecter, porque *juraste*? Lo siento, en este caso y similares, cuando te retiras de una relación en la que tu pareja es profundamente destructiva, no eres una pecadora o un pecador, eres una víctima, y a las víctimas hay que respetarlas y darles la mano, además de escucharlas. Dios no quiere que estés con un caníbal.

No podrás mandar todo al diablo cuando lo amerite si piensas que Dios te castigará por intentar liberarte de la tortura de un amor insoportable. Tus creencias religiosas tomarán la decisión por ti. Serán el freno que te hará seguir aguantando lo que no deberías, incluso si el hastío/cansancio te empuja e intenta acelerar una ruptura lógica y deseable. Además de la ayuda psicológica, pide también la espiritual.

4. Creer que no le has dado a la relación las oportunidades necesarias

Si eres una víctima del amor, la culpa sobra. La duda, la maldita duda, que suele aparecer cuando el cansancio constructivo ha hecho mella y estás a punto de alejarte por fin de una relación tóxica, es la siguiente: «¿Será que no le di todas las oportunidades?, ¿será que me estoy precipitando?». Esto me decía una mujer que atendí estando hospitalizada, con muchos moretones y fractura de mandíbula debido a los golpes que había recibido de su marido. Ella, con toda valentía, le había dicho al hombre que quería separarse porque había descubierto que él tenía un amorío. Como tantas otras veces, recibió una paliza. ¿Cómo es posible que alguien con ese historial aún dude y crea que no ha dado las oportunidades suficientes? Un solo golpe debería terminar con ese planteamiento, acabar con cualquier vacilación y reemplazarla por la certeza de que se está obrando correctamente. La explicación más plausible es una mezcla de varias cosas: miedo a equivocarse, una memoria selectiva que alimenta más lo bueno que lo malo de la relación, una esperanza sin fundamento a prueba de todo y/o una autoestima tan negativa que hasta podría llegar a justificar la agresión, entre otras. Pero, independiente de las posibles causas, lo importante es entender y ver con absoluta claridad que *si alguien te hace daño intencionalmente, no te ama o su amor es enfermizo.*

No solo me refiero a los golpes físicos, que dejan huella visible, sino a los del alma, que no se ven a simple vista, pero que se sienten a veces más que una cachetada. Un paciente me explicaba que, de manera regular, después de hacer el amor, su mujer, con una sonrisa cínica, le decía: «¡Cuánto te falta para ser un hombre de verdad!»; eso no dejaba moretones ni cicatrices observables, su mandíbula estaba intacta, pero el hombre quedaba psicológica y emocionalmente destruido, y cuando él preguntaba por qué le decía eso, ella simplemente soltaba una carcajada y agregaba: «Eres muy poquito para mí». El hombre llegó a mi cita profundamente deprimido y lo primero que dijo fue: «No sé si debo darle una nueva oportunidad». Te pregunto: ¿tú se la darías? Llevaba cuatro años, en cada poscoito, siendo mártir de un ritual perverso.

Si cada oportunidad que debes dar implica un golpe más para ti, no tiene sentido. Alguien me decía: «Le daré tantas oportunidades como aguante mi cuerpo»; eso es quererse muy poco. Todo el mundo tiene derecho a equivocarse, pero si tropiezas siempre con la misma piedra e incluso con otras similares, tienes un problema de aprendizaje.

Entonces, ¿no hay que perdonar y dar nuevas oportunidades? Cada quien tiene sus códigos. Hay ocasiones en que vale la pena intentarlo. Si no han atacado tu dignidad, es más fácil; pero como dije antes, también puedes perdonar y salirte de la relación. Ambas posturas no son incompatibles. Anaxágoras, filósofo presocrático, lo explicó mucho mejor que yo y en menos palabras: «Si me engañas una vez, la culpa es tuya; si me engañas dos, la culpa es mía». Para que lo pienses: ¿habrá cosas imperdonables, cosas que el amor no *justifique*?

Algunas recomendaciones:

- Repitamos: si te hacen daño intencionalmente, dar otra oportunidad está de sobra. No necesitas un posgrado ni entrar a un estado de iluminación para darte cuenta. Pero ocurre que muchas veces el corazón, como decía Pascal, no entiende de razones. Lo evidente se distorsiona para que las cosas sean como nos gustaría que fueran; este deseo reemplaza la realidad y perdemos el norte.

- Hay situaciones y comportamientos de la pareja en las que la *otra oportunidad* es difícil de otorgar y es cuando se atenta contra los derechos humanos, así esté patrocinado por un supuesto amor. Cualquier agresión a tu persona o todo aquello que intenta cosificarte debe rechazarse. Si alguien traspasó los límites de tu valía personal, de tu ser, no te merece y punto. Nada que negociar, nada de culpa. ¿Darías otra oportunidad a alguien que te dice que está contigo por lástima? ¿O manifiesta que siente asco por tu persona? ¿O no le importan tu sufrimiento (sea cual sea la causa) ni tu alegría?

· La clave es la *intencionalidad*: hacerlo a propósito, sabiendo que causará daño. Cuando no hay voluntad de herirte y ocurre un daño, si el amor está presente, el perdón surge como algo sencillo y auténtico. No hace falta un psicólogo ni un tratamiento para superar un estrés postraumático. Vuelvo a la palabra *decepción*: si te lastiman a sabiendas y con determinación, conocerás el lado oscuro de tu pareja y es posible que la desilusión arrase con todo.

No podrás mandar todo al diablo cuando lo amerite si piensas que no has dado las oportunidades necesarias a tu pareja, así hayan sido muchas y no las veas. La culpa decidirá por ti. Será el freno que te hará seguir aguantando lo que no deberías, incluso si el hastío/cansancio te empuja e intenta acelerar una ruptura lógica y deseable.

5. El conformismo y la resistencia al cambio

Las personas tenemos la capacidad de acostumbrarnos prácticamente a todo. En nuestro ADN existe, además del espíritu de lucha, una forma de conformismo que no es estoicismo, sino una manera de *echarnos a morir*. El dicho «más vale malo por conocido que bueno por conocer» es quizás de las máximas que mejor describen una actitud inadecuada frente a la novedad y lo desconocido. Los zapatos viejos, los más cómodos y que hemos logrado domar, son difíciles de reemplazar. Quizás soportemos algo ajustado para ir a una fiesta y aparentar, pero en la intimidad, ese calzado que nos acompañó tantos años, arrugado y desgastado, se ha hecho un lugar en nuestro corazón. Con la pareja puede ocurrir algo similar y, en vez de intentar mejorar, nos conformamos. La clave apunta a una actitud más firme: o mejora o se acaba. Quedarse igual de regular o mal, como en una especie de limbo emocional, enferma.

La resistencia al cambio forma parte de nuestro sistema de procesamiento, todos la padecemos en menor o en mayor grado y en muchas ocasiones es el motivo que mejor explica por qué algunas personas aguantan estar en una relación más allá de lo racionalmente aceptable. Lo interesante es que este fatalismo inmovilista se parece mucho a la resignación que acompaña algunas depresiones.

Veamos un experimento clásico realizado con animales hace algunos años en psicología experimental. En una caja que no presentaba posibilidad de escape se colocó a un grupo de perros. El suelo de la caja estaba formado por una rejilla conectada a una fuente de electricidad. El experimento consistía en dar choques eléctricos inescapables e impredecibles a los perros. Al comienzo, los animales intentaban escapar, saltaban, ladraban, corrían por la caja, etcétera; sin embargo, al cabo de un tiempo, los perros mostraban una conducta pasiva, se quedaban quietos, se veían tristes, inapetentes, inmóviles y aislados. Parecían *resignados* a su suerte. El experimentador decidió, entonces, cambiarlos a una nueva caja a la cual se le agregó una puerta para que pudieran escapar si recibían las descargas. Era de esperar que, ante la nueva posibilidad de huida, los animales aprendieran a evitar los choques eléctricos. Para sorpresa de todos, los perros seguían soportando el castigo. Pese a repetir los ensayos una y otra vez, ¡los perros no escapaban! No aprovechaban la alternativa que se les había dado y se resistían a pasar por la puerta. La única forma en que aprendieron a evitar los choques eléctricos fue llevarlos a la fuerza un sinnúmero de veces fuera de la caja; solo así aprendieron que la puerta abierta era realmente una alternativa de alivio y solución. La única terapia fue *mostrarles* a los perros que estaban *equivocados*. Los investigadores interpretaron este fenómeno, al cual llamaron *desesperanza aprendida*, como algo causado por una percepción de incontrolabilidad. Es decir, los perros *vieron* que sus esfuerzos eran inútiles e ineficaces para lograr controlar el castigo. Se resignaron porque *pensaron* que nada podía salvarlos del dolor agobiante, nada iba a ser capaz de cambiar la situación. Veían la puerta, pero no el escape que proporcionaba la misma.

Cito el experimento anterior para mostrar que, a veces, hasta lo aversivo y lo desagradable termina aceptándose como si fueran una especie de karma, y esto incluye a la pareja. Aunque muchas cosas no sean soportables, nos acomodamos a ellas porque pensamos, y estamos convencidos, que *no hay nada qué hacer.* Si piensas así, se te olvida algo importante: no hay nada predestinado, tú eres el arquitecto de tu propio destino, como tantas veces se ha dicho. Cada día, con lo que haces, sientes y piensas vas construyendo lo que será tu mañana.

Algunas recomendaciones:

- Anthony de Melo decía que los seres humanos a veces nos comportamos como si estuviéramos en una piscina llena de materia fecal hasta el cuello, y nuestro problema existencial y básico fuera que nadie levantara olas. Esto significa que disponemos mal de nuestros recursos cognitivos y conductuales, ya que en vez de pensar en salir de la piscina, lo cual sería un gasto de energía conveniente, nos orientamos a seguir allí, evitando tragar lo que sabemos. ¿Demasiado esfuerzo salir y así poder sacudirnos de toda la porquería pegada a nuestro cuerpo? ¿Acaso no se justifica? Pues para algunas personas no: «Mientras no me llegue a la boca, aguanto». Supongo que, después de un tiempo, los allí inmersos no sentirán el olor y el cuerpo se habituará a la temperatura del lugar. Si eres capaz de ver más allá de la piscina, saldrás fuera de ella. Tienes todas las capacidades y habilidades para hacerlo. Podrías pensar: «¿Y si en la parte exterior las cosas están peor?», pero si preguntaras esto, así fuera una sola vez, yo te diría: «¡Quédate dentro!».

- No sigas a los conformistas cuando dicen: «Es lo que hay». Lo que hay se puede hacer a un lado y crear un nuevo ambiente motivacional y afectivo. Podrías decir ante una persona que no te satisface: «Si esto es lo que eres, no me sirve ni me alcanza». De ti depende construir tu entorno emocional y que el amor prospere (si hay con quien) o se acabe (si no hay con quien). No eres un borrego que se deja llevar a donde sea; tú construyes o destruyes tu vida, porque eres la persona que eliges ser. El estilo complaciente y dócil lleva a rendirse antes de la cuenta (como los perritos del experimento: incluso si ves la puerta de tu casa abierta). Actúa, no aceptes la conformidad que impone la desesperanza aprendida; sal por la puerta o derríbala. El conformismo y la ley del mínimo esfuerzo suelen ir de la mano, lo que las hace altamente peligrosas. Esta combinación funciona como si sintieras mucha sed y cerca de ti hubiera un vaso con agua, pero para alcanzarlo tuvieras que incomodarte y entonces decidieras, en un acto de irracionalidad, que no tienes más opción que morirte de sed. Eso sí, sin dejar de quejarte y pedir agua una y otra vez.

> No podrás mandar todo al diablo cuando lo
> amerite si te acostumbras a lo malo y doloroso
> de una pésima relación. La habituación y la
> resistencia al cambio decidirán por ti. Serán
> el freno que te hará seguir aguantando lo que
> no deberías, incluso si el hastío/cansancio te
> empuja e intenta acelerar una ruptura lógica
> y deseable.

6. *La esperanza irracional*

Es muy probable que estés de acuerdo con el adagio
popular que afirma que «la esperanza es lo último que
muere». Los diccionarios definen la palabra *esperanza*
como «confianza de lograr una cosa o de que se realice
algo que se desea»; partiendo de esta definición, es
evidente que disponer de ella ayuda muchas veces a
mantenerse en pie o a luchar contra la adversidad. Pero
no siempre es así… si la expectativa de éxito es irreal y no
tiene ninguna base, podríamos quedar enganchados en
la trampa de «todo es posible», lo cual sería absurdo.
No todo es posible, así los fanáticos del optimismo y
la publicidad induzcan a la gente a creer que sus deseos se harán realidad porque el universo conspira a
su favor, si tan solo compran cierto automóvil o usan
determinada vestimenta. Mejor una filosofía realista y
un optimismo moderado en todos los ámbitos en que
nos desempeñamos, sobre todo en el amor y sus diversas variaciones.

Cuando una relación es realmente mala, es decir,
cuando tus valores, tu dignidad o tus principios se ven

vapuleados en nombre de un amor dudoso y altamente dañino, *la esperanza es lo primero que hay que perder.* De otra manera te quedarás esperando la metamorfosis de la persona *amada* eternamente, la misma que te hace la vida imposible.

Pongamos un ejemplo: alguien te dice hoy que te ama y al otro día desaparece. Luego, después de una o dos semanas, te pide disculpas y habla de mil problemas que tuvo y te vuelve a endulzar los oídos, pero al final dice nuevamente estar confundido. Es decir, mientras a ti el amor te llegó como un huracán y se instaló en alguna parte de tu cuerpo, a él o a ella, el amor le va y le viene como un yoyo, lo cual te genera una incertidumbre mayúscula. Si desde hace tiempo estás con una persona que no sabe lo que quiere, y que tampoco sabe si te quiere, que te quita las ganas de vivir y te genera ansiedad en grandes cantidades, explícame: ¿de qué te sirve la esperanza? Te mantendrá en vilo, esperarás hora tras hora a que la persona amada aterrice en tu corazón. La esperanza inútil e irracional te impedirá ver las cosas como son, porque tu mente estará concentrada e ilusionada en lo que podría ser. Ante un amor imposible o martirizante, la mejor respuesta es el cansancio radical y sin excusas: entrego las armas, quemo los barcos. Créeme, es mejor la soledad inteligente que deshojar margaritas media vida.

Algunas recomendaciones:

- Realismo (pura terapia cognitiva): ver las cosas en su verdadera dimensión, así te duelan (puedes leer mi libro *Pensar bien, sentirse bien*), ver lo que es. Como decía Buda: «Ven y mira», no: «Ven y especula». Ahí están los hechos. Míralos con la frialdad de un científico. Sé que no es fácil, pero con entrenamiento todos lo logran. Si descubrieras (Dios quiera que no sea así) que el hombre que amas es un asesino serial, ¿qué harías? ¿Seguirías con él? ¿Preferirías hacer como los tres monitos sabios y taparte los ojos, los oídos y la boca? ¿Crearías una realidad paralela en la que él fuera un santo? ¿Te acoplarías a sus gustos?

• Aprender a desprender (puro Epícteto): cuando algo escapa de tu control (amor incluido) y ya nada puedes hacer, acéptalo, suéltalo, déjalo ir: hazle el duelo a la relación. Empieza a prepararte incluso antes de que se acabe. No te empecines en que ocurra el milagro. Te prefiero triste, pero de cara a la verdad, que en una falsa felicidad construida sobre el autoengaño.

> No podrás mandar todo al diablo cuando lo amerite si no aceptas los hechos con realismo. La esperanza irracional decidirá por ti. Crearás ilusiones sin fundamento. Será el freno que te hará seguir aguantando lo que no deberías, incluso si el hastío/cansancio te empuja e intenta acelerar una ruptura lógica y deseable.

7. La presión social

En una sociedad como en la que vivimos, en la cual el amor es la mayor realización personal, es apenas entendible que no seamos capaces de dejarnos llevar por el cansancio constructivo. Mucha gente piensa que cuanto más soportes lo insoportable por amor, más fuerte serán tus sentimientos y, en consecuencia, te aplaudirán y serás una persona admirada, hablarán bien de ti. Ser tenaz y mantenerte firme en resistir y tragar saliva, aunque tu pareja sea un desastre, te hará merecedor de una medalla al valor.

Si en una reunión social dices que llevas cincuenta años de casado o de casada, todo el mundo te felicitará porque cumpliste *bodas de oro*. La costumbre indica que cuanto más tiempo estés en una relación de pareja, mayor será la dureza o el valor del elemento con el cual te asocias. Por ejemplo, si cumples sesenta años de casado, las bodas son de diamante, y si cumples setenta, son de titanio. Curiosamente, los diez años son apenas de aluminio, como si fuera tan fácil. No hay una categoría para los que tiran la toalla a tiempo, cuando descubren que el lazo afectivo, más que adornar sus cabezas, está a punto de estrangularlos. No quiero decir que no existan personas que sean felices pese a los años; lo que señalo, tal como dije antes, es que la exaltación valorativa que se hace sobre el tiempo en el que dos personas están juntas, sin saber cómo les fue, es absurda. Supongamos que has estado por años con alguien obsesivo, controlador y celoso, y has sobrellevado con fortaleza la relación por la razón que sea y has vivido infeliz, ¿por qué habría de felicitarte? Más bien yo preguntaría: ¿Por qué no se cansó de semejante persona y se animó a organizar una vida nueva? ¿Por qué continuó allí? ¿Jugaron ambos un papel por los hijos, la sociedad, la familia? Armarse de paciencia y soportar a una pareja tóxica, ¿realmente es una virtud?

En ciertos grupos sociales, este culto a la permanencia en la pareja ejerce mucha presión sobre las personas que desean romper una relación, ya que evalúan la separación como un *fracaso afectivo*. Un paciente me decía: «No hay nada qué hacer, doctor, he fracasado en el amor. Llevo dos separaciones a cuestas y ahora tengo un noviazgo que no va muy bien». Le respondí que debíamos estudiar a detalle cómo habían sido sus relaciones pasadas y la manera en la que él las había gestionado para encontrar la causa de las separaciones, pero le pedí que no usara la palabra *fracaso* para generalizar. Había *fallado* en dos relaciones, pero no en el amor, porque todos pueden aprender a no repetir los errores. La conclusión, luego de un tiempo, fue que debido a su inseguridad personal (cosa que se trabajó en terapia) el hombre buscaba mujeres independientes, fuertes y seguras de sí mismas para compensar su déficit. Al principio jugaba el papel de hombre infalible y emancipado, pero luego, poco a poco, salía a relucir su personalidad dependiente e indecisa, y sus parejas se decepcionaban o, más bien, se sentían *estafadas emocionalmente*.

En comunidades muy conservadoras, tener una o dos separaciones encima te convierten casi casi en *persona non grata*, como si estar en matrimonio fuera una virtud en sí misma. Hay gente bien casada y bien separada, hay gente mal casada y mal separada, y todas las posibilidades que se te ocurran. Estamos de acuerdo, lo ideal es mantener una relación estable, pero no a cualquier precio.

Algunas recomendaciones:

- No te sientas como el personaje de la novela *La letra escarlata*, de Nathaniel Hawthorne (en cine fue protagonizada por Demi Moore en 1995). La historia se desarrolla en la puritana Nueva Inglaterra, en el siglo XVII, y narra la sanción social a una mujer infiel que se niega a decir quién es el padre de la criatura que espera. El señalamiento y castigo consistía en que la obligaban a lleva una letra A colgando del cuello para que todos supieran que era adúltera. Te recomiendo verla. En ese ambiente de cacería moral, pecado y culpa, la mujer trata de sobrevivir no sin problemas. Es imposible verla y no recordar la segregación hacia los judíos en la Alemania nazi, con la estrella amarilla y la palabra *jude* escrita en el centro. A veces me gustaría sugerirle a algunos de mis pacientes (más mujeres que hombres) colgarse un letrero que diga: «Soy separada, ¿y qué?». Y llevaría otro suplementario que utilizaría dependiendo de la situación: «Y a usted ¿qué carajo le importa?».

- Quítate la letra escarlata mental. No te sientas una persona marcada por no haber podido con tu relación. Mientras la honestidad sea tu carta de presentación e intentes mejorar como persona, ¿por qué deberías avergonzarte? Los que se sienten con autoridad moral tratarán de convencerte de que la cuestión es grave, que no eres *estable* y tienes un problema, ya que no sigues los cánones *correctos*. Confía más en ti y no te dejes mortificar por el qué dirán.

- En tus próximas relaciones afectivas ve más despacio. No copies las metas ni los estilos de los demás, déjate llevar por la creatividad. El amor es una construcción social, pero, sobre todo, personal. Tú y tu pareja pueden poner las reglas que quieran e inventar la manera de quererse (no hay dos vínculos afectivos iguales). Que no te lastimen ni lastimes, que puedan crecer juntos, que la ternura los envuelva, que el sexo les haga cosquillas. Crea tú el amor que quieras tener, y si alguien mete las narices, sácalo y mándalo a otra parte. Tú defines el territorio, las normas y los valores sobre cómo deseas vivir el amor.

No podrás mandar todo al diablo cuando lo amerite si te dejas llevar por la presión social. El *qué dirán* decidirá por ti. Será el freno que te hará seguir aguantando lo que no deberías, incluso si el hastío/cansancio te empuja e intenta acelerar una ruptura lógica y deseable.

8. La perseverancia sobrevalorada: la dicha de morir con las botas puestas

Es verdad, siempre se puede soportar un poco más. El problema es que cuando llegas al límite del sufrimiento y empiezas a transitar por él, te das cuenta de que el costo de quedarte allí podría ser tu destrucción psicológica. Hay muchos esquemas cuidadosamente instalados por la sociedad para que no renuncies cuando deberías hacerlo, pero hay uno en especial que reverenciamos a más no poder: *el valor de la perseverancia*. Y digo «valor» porque así lo presentan la mayoría de los textos que hablan sobre el tema de las virtudes. No importa que la insistencia se vuelva irracional, como ocurre en la mayoría de los casos de amores imposibles o tóxicos, la perseverancia te hará *virtuoso*.

Hay todo un bagaje de palabras, frases, preceptos, máximas, ideas y conceptos que apoyan la creencia de que la perseverancia es una forma de excelencia, más allá de cualquier duda. Entra a Google e indaga sobre la perseverancia. Nadie alerta de sus posibles riesgos, como si fuera una panacea. En mi opinión, es un error obviar o desconocer que la mayoría de las llamadas virtudes pueden pasarse de la raya y convertirse, paradójicamente, en defectos o, incluso, en patologías. Por poner algunos ejemplos de estas distorsiones: la humildad puede transformarse en negación de uno mismo o en falsa modestia; la tolerancia, en sumisión; la prudencia, en indecisión; el coraje, en temeridad; la buena fe, en ausencia de malicia; y la perseverancia mal gestionada, en obstinación, fanatismo, intransigencia u obsesión. Puedes perseverar al servicio de fines ruines o nobles, inteligentes o estúpidos, constructivos o destructivos, para tu bien o para tu hundimiento. Un dictador o un estafador es perseverante y un artista o un maestro espiritual, también.

Perseverar en una mala relación eternamente, esperando el milagro de una transformación que no ocurre, es obstinación. Una paciente llevaba diez años con un hombre que apenas la volteaba a ver, pese a los esfuer-

zos de ella. Cuando le dije que sus esfuerzos me parecían
infructuosos, porque su marido seguiría siendo el mismo (tantos años de intentos fallidos me daban la razón),
golpeó el escritorio con ambos puños y manifestó:
«¡Nunca me daré por vencida!». No supe más de ella.
La premisa es como sigue: si no vemos lo imposible y lo
inadecuado de la persistencia cuando no funciona, nos
estrellaremos contra lo posible y lo que no debe hacerse.

Algunas recomendaciones:

- Napoleón Bonaparte (militar y gobernante) decía:
«*Imposible* es una palabra que solo se encuentra en
el diccionario de los necios».

  No coincido con Napoleón, quizás porque nunca fui un conquistador, pero, desde mi punto de vista y de acuerdo con lo que he visto en mi actividad
como psicólogo clínico, debo decir que si eliminas
la palabra *imposible* de tu mente, te convertirás en
una bomba de tiempo. Tarde o temprano chocarás
con lo quimérico, la realidad te hará trizas y cuanto
más perseveres en lo ilusorio, peor. No todo es posible, como sugiere Bonaparte. Por eso es necesaria la
habilidad de discernir cuándo intentar alcanzar una
meta y cuándo no, según sean las consecuencias que
anticipas. Supongamos que vives en una ciudad en
la que habita un cantante famoso por el cual sientes
una fuerte atracción, te encanta y tu sueño es que él
se fije en ti y puedan entablar una relación. Eres unos
años mayor y, de acuerdo con las entrevistas que has
escuchado y visto, en las que él expresa su predilec-
ción por las mujeres jóvenes, tienes la certeza de que

no eres su tipo. El problema no sería *intentar* seducirlo, sino perseverar en el intento fallido a sabiendas de que tienes una probabilidad infinitesimal de que tu sueño se haga realidad. Recuerda que no eres el tipo de mujer que le gusta, que habrá guardaespaldas por todas partes y fans de todas las apariencias y nacionalidades que sí son de su tipo. Si tienes en cuenta estos factores, aunque fracases en tu intento, el golpe será menos duro. Una mujer realista diría: «Lo intenté, y me di cuenta de que no le intereso. Y adiós, nada de insistir nuevamente; la realidad me enseñó que es tiempo perdido». A veces lo improbable es tan improbable que es casi idéntico a lo imposible.

Si eres un soñador o una soñadora empedernida que se mete una y otra vez en batallas perdidas y persevera donde no debe, como, por ejemplo, en recuperar a un ex o a una ex que es evidente que no te quiere (te lo ha dicho en todos los idiomas), rescatar la relación o aguantar por años un matrimonio insoportable, guárdate en el bolsillo la perseverancia y deja que el hartazgo te saque del enredo.

• Winston Churchill (político y estadista británico) afirmaba: «El coraje es ir de fracaso en fracaso sin pérdida de entusiasmo».

Lo siento, señor Churchill, pero eso no es coraje, sino testarudez. Mantener el entusiasmo cuando vas de fracaso en fracaso atenta contra la propia supervivencia. Si te va mal, es porque algo no funciona o algo haces mal, así de sencillo. El entusiasmo (aun reconociendo su importancia para la vida) no basta para solucionar las cosas. Se necesita también el conocimiento al servicio de diversas estrategias de afrontamiento. Las personas que repiten sus errores o comenten demasiados deben tener claro por qué lo hacen y ponerle solución, además de entusiasmo y ganas. El valor está en reconocer los déficits y modificarlos, no en seguir briosamente con las orejeras puestas.

Meter la pata una y otra vez con una persona que no es para ti ni tú para ella, y repetir el guion con otra similar, no es coraje, es necedad. En un caso así, ¿para qué la perseverancia o el entusiasmo, si no funciona pese a los intentos? ¿No sería mejor desistir, retirarse, abandonar y salir a pelear por la felicidad que te ha sido arrebatada en otra parte?

• Podríamos decir que en un porcentaje considerable de los casos, perseverar e insistir en distintos órdenes de la vida es importante para ser exitoso. Pero se trata de un *porcentaje* y no de una ley general. Quizás Woody Allen esté en lo cierto cuando dice: «Noventa por ciento de los éxitos se basan solo en insistir». No sé la cantidad exacta, pero es claro que siempre habrá excepciones a la regla. El amor disfuncional está en la lista.

• El conocido adagio, atribuido a Séneca, «Persevera y triunfarás», como ya dije, es válido en el amor si tu autoestima, tu autorrealización, tu bienestar y tus principios están a buen resguardo. A manera de resumen: la perseverancia es un valor si apunta a tu crecimiento personal, pero deja de ser una virtud si tu calidad de vida es afectada negativamente.

No podrás mandar todo al diablo cuando lo amerite si decides perseverar testarudamente en una mala relación y nunca te das por vencido o vencida. La obstinación decidirá por ti. Será el freno que te hará seguir aguantando lo que no deberías, incluso si el hastío/cansancio te empuja e intenta acelerar una ruptura lógica y deseable.

PARTE II

¿DE QUÉ NOS CANSAMOS?
SIETE VIACRUCIS

El cansancio me trae pensamientos sin esperanza.

JUAN CARLOS ONETTI

Hay momentos en que todo cansa, hasta lo que nos
descansaría.

FERNANDO PESSOA

En cada punto encontrarás un análisis de lo que impli-
can estas situaciones difíciles, sugerencias y reflexiones,
y una *carta de despedida* que puede servirte de modelo
para que construyas la tuya.

En general nos cansamos cuando el amor se convierte en un caldo de cultivo para el dolor. Entre otras
muchas razones sufres cuando:

- la ternura de quien supuestamente te ama es poca
  o nula

- te presionan y obligan a hacer cosas que van contra
  tu manera de ver y sentir el mundo (tus principios
  y valores)

- te limitan y desconfían de cada cosa que haces
  o piensas

- se aprovechan de ti y te explotan

- te consideran una cosa o un objeto y, por lo tanto, tu
  dolor no les duele ni tu alegría les alegra

- debes vivir a la sombra de tu media naranja porque
  crees, o te han hecho el lavado mental, de que ella es
  superior a ti en lo esencial

- la persona que amas está casada y te promete una y
  otra vez que va a separarse

- la rutina en la pareja te arrastra a una existencia insípida e intrascendente y no hay forma de eliminarla

- te humillan y maltratan

- te entregas tanto al otro que desapareces como persona

- te anulas para hacer feliz a tu pareja

La lista continúa, y cada quien define sus desilusiones y motivos para seguir o no seguir con una relación. Pero, como ya dije, el cansancio, por más constructivo que sea, no siempre prospera. Crees que ya no das más y que darás el paso hacia la separación, y de pronto el miedo le gana el *round* al cansancio. Tu insatisfacción no pasa de ser una queja que se repite, igual que en la película *El día de la marmota*. Como un círculo vicioso, sigues idiotizada o idiotizado con un amor que te lleva de las narices al matadero moral y psicológico.

Cuando el espíritu de rebeldía haga su aparición, dirás: «¡Me cansé de verdad!», pero con todo tu ser, sin dudas, con la certeza de quien ya no tiene esperanza. Se acabó, tu biología decide. Con la velocidad de un rayo tu mente tomará conciencia del tiempo perdido, del sufrimiento inútil, de la dependencia rastrera, de lo poco en común que tienes con tu pareja y también, esto es importante, descubrirás que quizás no estés enamorado o enamorada de la persona que tienes al frente, sino de la que fue antes, antes de que todo cambiara para mal. Entonces, la relación, que estaba agarrada de un hilo, salta por los aires.

Aunque los *cansancios* pueden ser muchos y de todo tipo, haré hincapié en aquellos casos que he visto con más frecuencia en mis consultas. Pero vale la pena aclarar que mucho de lo que leerás a continuación te servirá para otras situaciones negativas: el mal amor tiene muchas cosas en común.

Los temas serán:

- Me cansé de tu indiferencia

- Me cansé de esperar que te separes

- Me cansé de que me trates mal

- Me cansé de hacerme cargo de tus problemas

- Me cansé de tu perfeccionismo

- Me cansé de tu narcisismo

- Me cansé de que me vigiles y desconfíes de mí

Me cansé de tu indiferencia

Lo que se opone al amor no es el odio, porque el odio atrae, te ata por lo negativo y no te deja ir; lo opuesto al amor es la indiferencia. Y no solo me refiero a lo fría y poco cariñosa que es la persona que amas, sino a la indolencia general que pude llegar a tener ella por lo que tú eres y tus cosas (inapetencia, abulia, pereza y despreocupación), como si no existieras. Si amas de verdad, el desinterés del otro hacia ti se convierte en una daga que perfora el alma. Si esto es así, ¿cómo podrías resignarte a que a tu pareja no le duela tu dolor ni le alegre tu alegría? Me pregunto, ¿para qué seguir entonces? Añoras que alguien se sienta atraído o atraída por ti o, por lo menos, que te lo haga saber. Escuchar «¡Me encantas!» de alguien que te interesa suena a música, ¿verdad? Es normal, a todos nos agrada gustar a quien amamos. Sin embargo, pese a la carencia afectiva, no eres capaz ni te interesa serle infiel, aunque nunca se sabe. No es la simpleza de las relaciones sexuales lo que te amarga, sino la *castración de la ternura*. Parecería que para él o para ella tener sexo contigo es satisfacer una necesidad fisiológica y, por el contrario, para ti es más, mucho más, pero te acoplaste a su estilo, a su déficit. Una y otra vez te acomodaste a su estilo lejano, a su frialdad, hasta lograr el equilibro negativo en el cual estás ahora: en apariencia juntos, pero emocionalmente distantes.

Un amor sin empatía es una gran mentira. ¡Qué cansancio perseguir a tu pareja para que te suelte algunas migajas de atención! Nadie te obliga a vivir esa pesadilla. Pregúntate si en realidad la sigues amando, cuestiónate, ponlo en duda; es muy fácil que la dependencia/apego o la necesidad de ella se confunda con el sentimiento amoroso. El descuido y la despreocupación de tu pareja hacia ti es violencia. Te parte en dos. No deja señales visibles y, sin embargo, acaba contigo.

Te hago una propuesta: ¿y si ya no te adaptas a su indiferencia? Fue un error renunciar poco a poco a tu necesidad de dar y recibir afecto, acéptalo. Tú no eres así.

Por eso, aunque tengas que hacer de tripas corazón, lánzate al ruedo y pon los puntos sobre las íes. Una mujer me dijo una vez: «Para no perderlo, no tenía otra opción que parecerme a él». ¿Por qué no te quitas la máscara? Mírate sin sesgos. Encuéntrate allí, en esa percepción limpia y honesta, con tus verdaderos deseos. Repito: ¿quieres salir del agujero negro afectivo al cual has entrado? Si tu respuesta es afirmativa, hay una forma: sé cómo te gustaría ser, descaradamente, con toda tu maravillosa capacidad de expresar afecto libremente.

Déjate llevar por tus emociones y prepárate para el rechazo y las manifestaciones de desagrado que posiblemente ella o él tenga hacia ti, al ver que invades su espacio afectivo. Entra a su territorio aunque le generes incomodidad, toma su mano, acaricia su rostro, acerca tus labios a los suyos, en fin, ya no te adaptes a su personalidad encapsulada. Con la sinceridad más dura y honesta, dile: «Yo soy así y esta es la relación que quiero». Podrías pensar que estás corriendo el riesgo de que no acepte, y así es; no obstante, debes exponerte a que se niegue o se aisle aún más. ¿Acaso no es mejor perder toda esperanza, si no accede al intercambio amoroso? Estrás poniendo a prueba la relación, el último examen.

Si acepta tu estilo afectivo abierto y cariñoso, deberá trabajar en un cambio personal drástico y/o pedir ayuda profesional. Aunque debo decirte que no estoy tan convencido de que tal ayuda sirva para algo ni que él acepte ir. En casos así (en psicología se le denomina *rasgos* o *personalidad esquizoide*), mi experiencia clínica me hace ser escéptico. Por el contrario, si te dijera que «no», que esa no es *su manera* de ser y no piensa cambiar un ápice, ya no habrá dudas para ti, te queda el adiós, una retirada digna y sin aspavientos. Sobre todo, sin culpa y siendo fiel a lo que eres. No vas a envejecer a su lado, no lo merece: «Chau, si te he visto, no me acuerdo». No temas, todas las personas son capaces de elaborar el duelo. Serás como un canario al que le abren la jaula y, sin pensarlo, se lanza al vacío después de meses o años de encierro. Pero el pájaro nunca olvida volar, esa es su naturaleza. En fin, solo hay dos opciones: tu pareja hace la indiferencia a un lado y empieza una mutación o se acaba la relación; nada de medias tintas. Ya has estado en ese limbo y su propuesta emocional es inaceptable, no le viene bien a tu vida. O te aman bien o es mejor estar solo, sin mendigar. Piénsalo: ¿acaso esta soledad afectiva que vives con tu pareja no es peor?

No mires para atrás ni añores lo que solo ha ocurrido en tus fantasías. Una mujer me decía, respecto al intento de recuperar su relación con un ermitaño afectivo: «Casi lo logramos», pero el *casi* no fue, no existe. Le respondí: «Menos mal, porque hubieran caído en lo mismo». Concrétate en el ahora. Obsérvate y verás que, pese a todo, tus emociones siguen allí, tu esencia no te abandona. El solo hecho de estar lejos de la displicencia del otro hará que sientas un poder sanador. Acércate a las personas que te quieren sanamente y te lo demuestran. Recupéralas, si acaso las dejaste por el camino, porque tu pareja lo ocupaba todo. Después podrás avisarle al mundo que llegó el momento de que alguien que valga la pena se acerque a tu vida. Ahora eres como una planta a la que le falta agua; lo único que necesitas es que te rieguen con una lluvia de abrazos, besos y ternura. Pero no temas, la parte más básica que te define nunca alcanza a marchitarse, siempre habrá un espacio por donde el amor se cuele, te empape y germine.

Algunas sugerencias y reflexiones para que la exclusión emocional no te destruya

• Una mujer de mediana edad me dijo en su primera cita: «Vengo con usted porque ya no quiero sentirme transparente. Para mi esposo es como si yo no existiera. En estos días hubo un momento en que me sentí como un fantasma. Le conté un problema que tenía con mis padres y se dirigió a mí con una mirada sin brillo, apagada, desatenta… No me ve ni me siente. Llevo diez años así. Pensé que mi amor lo cambiaría, pero ya me cansé». Hombres así, castradores de la ternura, como dije, deberían ponerse un cartel que diga: «Hombre indiferente, frío y distante en el amor busca mujer comprensiva, dócil y enamoradiza». Aunque te aseguro que, paradójicamente, no se pasaría la vida con el cartel puesto, ya que no faltaría quien pensara que el amor todo lo cura y cargara con semejante lastre. Podrías preguntarte si mi paciente fue estúpida o valiente. Para responder, apelo a la sabiduría de Lao Tse: «Ser profundamente amado te da fuerzas, mientras que amar profundamente a alguien te da coraje». Es la paradoja del amor: la persona enamorada posee la virtud del coraje (así esté con la persona equivocada), pero si no es correspondida, sufre la fragilidad que conlleva el desamparo y la exclusión emocional.

- Si estás con una persona indiferente, debes entender que el peor daño es que no te considerará un sujeto válido en la relación. Le importará un rábano lo que tengas que decirle. Escuchar de manera sostenida e interesada es una forma de reconocer la humanidad de otro. Que te ignore la persona que amas, duele, y mucho. No pierdas el tiempo si alguien te *mata con indiferencia*, retírate del juego. ¿Cómo amar y seguir con alguien a quien no le importas? No hay forma, y si lo haces, sentirás que te traicionas a ti mismo. Cuando dejas de ser fiel a tu persona, ya no eres tú. Recuerda que la indiferencia es el *antiamor*. Insisto: simplemente no existes para el otro. Premisa: *si el amor no se ve ni se siente, no sirve,* hace daño.

- Es imposible no sentirse un *fantasma emocional* cuando pasas desapercibido para tu pareja. Te pregunto: ¿para qué quieres una pareja así? La premisa que se desprende ante la indiferencia, la inapetencia y la despreocupación del otro es contundente: *no te merece quien te ignora.* Aplícala, y tu sensación será como entrar a un mundo nuevo, como un pez cuando salta de la pecera al mar.

- Ahí te dejo tres estrofas del poema «Informe sobre caricias» de Mario Benedetti. No se la leas a él o a ella, mejor que quede para ti. Y ten claro que un amor sin caricias es como un árbol sin savia, tarde o temprano se seca y muere.

La caricia es un lenguaje
si tus caricias me hablan
no quisiera que se callen

La caricia no es la copia
de otra caricia lejana
es una nueva versión
casi siempre mejorada
[...]

Es claro que lo mejor
no es la caricia en sí misma
sino su continuación

Una carta de despedida

Aquí tienes un prototipo de carta de despedida para decirle adiós a quien es o fue tu pareja. Te ayudará a procesar la *pérdida* (en realidad, deberías ver la ruptura más como una *ganancia*) y sacar de tu vida la tortura de la indiferencia afectiva. Intenta escribir la tuya con la mayor sinceridad posible, sin excusas y sin anestesia.

Querido/a:

Me cansé de tu frialdad, de tener que acercarme a ti con cuidado para no *molestarte*. Me cansé de respetar tu territorio impenetrable y tu personalidad robótica. Siempre quise menos lógica y más espontaneidad, más pasión; quiero ser como soy, con toda la fuerza de mi afectividad a cuestas. Me cansé de acoplarme a ti y me arrepiento de haberme convertido en tu igual, un identikit, una burda copia de tu abandono emocional. Me cansé de fingir. En esta soledad acompañada acepté, por cobardía, que usurparas mi esencia. No te importó que bordeara la depresión, o peor, ni te diste cuenta. Fui como un fantasma, algo sin cuerpo y sin alma, es decir, no existí para ti. Me cansé de todo lo que representas, de tu falta de emociones y de tu escasa fantasía. Sobre todo, de la gran dificultad para tejer ilusiones. Me cansé de jugar el papel de la pareja feliz y compatible, sin hijos, porque queríamos *independencia* y autorrealización. Me cansé de mentir, me cansé de mentirme, y por eso te dejo. Quiero ser fiel a mi persona. Y me importa un rábano (ya era mi turno) lo que hagas o dejes de hacer.

* **Nota importante.** Si no quieres hacérsela llegar o no eres capaz de entregársela en persona, al menos escríbela para ti. No importa cuántas hojas llenes. Te obligará a mirar lo que fue tu relación y el papel que jugaste en ella. Es la ventaja del lenguaje escrito, puedes volver sobre él una y otra vez. Es como si observaras tu autorretrato o dibujaras tu propia historia emocional.

Me cansé de esperar a que te separes

¿Por qué le crees? ¿Cuántas veces debe quedarte mal para entender que no dejará a su pareja y a sus hijos para irse contigo? Es así, aunque te lastime: ocupas un segundo lugar en su vida afectiva. Una parte tuya lo tiene claro, pero otra se resiste y no quiere aceptar que hayas perdido tanto tiempo esperando a un amor compartido en libertad, sin ocultarse. No puedes estar con la persona que amas en los momentos más importantes, porque la persona que amas está *ocupada*: un cumpleaños, vacaciones, fiestas de fin de año y muchos otros momentos. Y es que tú no eres *su* familia.

El problema de ser el tercero o la tercera en discordia es que la propia vida se hace incompleta. Después de estar con tu amante, así sientas el amor, sobreviene su ausencia, el vacío que queda pendiente hasta la próxima vez. La emoción inicial de verse a escondidas, en lugares extraños y a veces hasta sórdidos, se ha ido perdiendo, porque el amor exige más, te jala. Quieres compartir con él o con ella lo cotidiano: andar por la calle tomados de la mano, ir a un cine, a un restaurante, en fin, amar a cara descubierta, sin secretos.

Los amigos y amigas que saben de tu enredo te dicen que termines, que no sigas allí, que te salgas de esa tortura. Todos lo ven, menos tú. ¿Cuantas veces creíste que ya estaba a punto de separarse y no lo hizo por diversas razones? En cada frustración, en cada ilusión que se marchita, un pedazo de ti se hunde en la amargura y en la impotencia de no saber qué hacer.

Las personas que están en esta situación se encuentran entre dos opciones, ambas contraproducentes para su salud mental.

La primera es no presionar, esperar, estar allí siempre para lo que él o ella solicite. La premisa es: «Si me limito a aceptar su condiciones, se dará cuenta de que no puede vivir sin mí y correrá a mis brazos». El problema es que la espera te irá quitando energía, incrementará tu ansiedad y sentirás que tu vida no es como la de las demás personas. Además, nada garantiza que la premisa se cumpla; muy probablemente no corra a tus brazos. Esta estrategia hará que los meses y años pasen sin que la otra persona se decida, porque vivirá tranquila en sus dos mundos: la pareja estable y reconocida por la sociedad, y su amante para compensar lo que no tiene en casa. Casi siempre, en la persona que debe separarse, la comodidad y la culpa compiten con el *amor* y suele ganar una de las dos primeras.

La segunda opción consiste en dar argumentos positivos sobre uno mismo: las ventajas y la maravillosa persona que se perdería al seguir con su pareja o la insistencia de que al separarse tendrá una vida mejor. Supongamos que tu amante sea un hombre casado con dos o tres hijos pequeños a los cuales ama y una esposa por la cual siente algún afecto, así no sea un amor con mayúsculas. Está cómodo, tiene todo organizado y sabe que romper con su pareja implicaría un desbarajuste gigantesco; ¿crees que no está a tu lado por falta de argumentos a tu favor o porque está atado a su zona de confort? Lo que probablemente lo detenga es el costo emocional y económico de romper con su familia para irse contigo y, claro está, el hecho de que quizás no te ama tanto, porque a los enamorados de verdad no hay que empujarlos, sino frenarlos para que no cometan locuras.

Resumamos las dos estrategias:

1. Aceptar dócilmente el juego que te proponga tu amante y dejar que el tiempo pase, a la espera de que los hijos crezcan, que enviude o que la pareja de tu amor furtivo se enamore de otra persona y se separe. Imponderables que escapan a tu control.

2. Venderse como una mercancía, mostrando las bondades que posees como persona, dejar claro que vales la pena y que eres un mejor partido que su pareja actual. Sin duda, tu autorrespeto se verá afectado.

Pero no desfallezcas, hay una tercera posibilidad que quizás no te guste, pero que salvará tu autoestima y tu maltrecho yo: el *ultimátum con preaviso de caducidad*, ponerle un tiempo de espera a la decisión de estar juntos, no años, sino semanas. Por ejemplo: «Te doy tres semanas para que decidas y, si no te has separado para

ese entonces, sigue tu camino y yo el mío. Yo saldré de
este encierro, conoceré gente y abriré las puertas de mi
corazón y mi mente. Ya no dejaré por fuera a nadie que
me interese». ¿Que no eres capaz? Pues claro que sí.
¿Acaso el cansancio no ha hecho mella en ti? ¡Qué fastidio vivir a media máquina, cargando un amor famélico
e incompleto! Pero todo lo anterior hay que matizarlo:
si después de dar el ultimátum te dijera que sí, que en
tres semanas dejaría a su familia porque teme perderte,
¿no te quedaría de todas maneras un sabor agridulce, a
derrota? Tuviste que llevar la situación al extremo y
amenazarlo para que reaccionara. No estará por amor,
sino por miedo a que te alejes de su vida; no fue por una
convicción emocional y razonada. Es probable que después de un tiempo de estar contigo aparezca una cascada
de dudas, el intento de regresar, la culpa por haber
abandonado a los hijos, y cien cosas más. Esta tercera
opción te demuestra que si todavía no se ha decidido,
es mejor alejarse y empezar una vida en la que tener
pareja no esté prohibido ni sea una tortura. ¿No es
preferible un amor libre que se pueda entregar a ti sin
enredos y en paz? Si piensas que eres *amable*, en el sentido de ser una persona que motiva a amar, si te queda
algo de amor propio, no aceptes estar en segundo pla-
no. Piensa las que has pasado buscando tapar el hueco
de la soledad que te generaba su ausencia. Y algo más
que a veces se escapa: has decido serle fiel a tu amante,
que tiene pareja y con la cual, muy posiblemente, tenga
sexo, aunque te diga lo contrario. ¿Qué autoridad moral
tiene entonces la persona que vive en pareja para exigir-

le a su amante (o sea tú) que no salga con nadie más? Ninguna o muy poca, ¿verdad?

Mi experiencia como psicólogo me ha enseñado que las personas con amantes justifican su vida por los encuentros furtivos que mantienen con ellos o con ellas. Una paciente me decía: «Lo veo los miércoles y los sábados por la mañana, y a veces almorzamos en mi casa. Esos dos días le dan sentido a mi vida durante esa semana. Los demás no tienen color, son insignificantes y cada vez que me despido de él quedo muy triste y sola, muy sola».

Además del *amor*, lo que probablemente te mantenga persistiendo en la espera, como ya vimos, es la *esperanza irracional*. Por eso persistes en la ilusión de que tu amante sea solo para ti y no lo tengas *compartido*. Pero ¿cuál es el límite? Repito: ¿cuántas veces te has esperanzado, cuántas veces diste por hecho que estarías definitivamente a su lado?

Mi conclusión es la siguiente: *cuando alguien ha encontrado el amor verdadero en otro lado, estando en pareja, es una fiera: pelea contra la presión social, la culpa, el desfase económico, la familia, sus creencias religiosas o lo que sea. Sé que suena triste, pero si tu amante de verdad te amara (o te amara lo suficiente), ya estaría a tu lado.*

¿Se puede amar a dos personas a la vez? Sí, es posible. No dos enamoramientos, porque el cerebro no soportaría tanta intensidad, pero lo de estar entre dos amores lo he visto muchas veces. Si tú eres uno de los polos de la supuesta elección, piensa, por dignidad, ¿no es mejor que te amen limpiamente, sin excusas, a que te amen a medias? Amor disponible, listo y sin titubear.

Un elemento más para que analices. En una ocasión atendí a un hombre que tenía una amante desde hacía tres años. En su primera cita me dijo: «Mi amante quiere que me separe, pero en realidad ella sacó mi matrimonio a flote. Yo no se lo puedo decir, sin embargo, con ella nivelo lo que no funciona con mi esposa. Con mi amante tengo lo que me falta y por eso la relación con mi mujer es más llevadera». Paradójico y terrible, ¿no? Piénsalo. Es como estar atrapado en un juego perverso: cuanto mejor estés con tu amante, es más difícil que tu otra relación termine.

Si tomaras conciencia real de todo lo que has leído en este apartado, romperías. Te dejarías llevar por el cansancio que te indica la salida: *mejor una soledad sola y digna, que acompañada e indigna.*

Algunas sugerencias y reflexiones para que ni tu amante ni cualquier otro amor imposible puedan destruirte

* Cuando la relación oculta que mantienes con alguien se convierte en primordial, ya diste un paso en falso: querrás que se quede a tu lado por siempre. El problema se presenta si la otra persona dilata y posterga su resolución. Convéncete de que no estás para perder el tiempo ni para que *te endulcen los oídos, cuando te amargan la existencia.* Te aman o no te aman, con todo lo que ello implica. No hay zona gris. Si alguien te dijera: «Te amo más o menos, a veces sí y a veces

no estoy seguro», ¿seguirías invirtiendo tiempo y esfuerzo en esa relación?

- Un afecto temeroso, inseguro, dubitativo es enclenque, no es tierra firme para construir un vínculo sólido y creíble. ¿Por qué diablos deberías conformarte con las migajas de un amor incompleto y retorcido? Si alguien no muestra la suficiente valentía para estar contigo, mejor la soledad: *mejor la soledad que un amor cobarde, mezquino e inseguro.*

- No te aferres a un amor imposible. Abre tus opciones, suelta tus atractivos al mundo, deja saber que eres libre y que ningún compromiso te ata. Ya no te aferres a las promesas incumplidas. Anímate a ser tú sin la carga de tu amante. Las personas atrapadas en una relación furtiva e insuficiente que esperan llegar a algo más y no lo logran pasan por una metamorfosis: los ojos se les apagan, la piel se les agrieta, envejecen, una expresión de angustia y resignación empieza a grabarse en su rostro. Pero cuando se liberan de ese amor inconcluso, se nota el cambio de inmediato. La nueva transformación se percibe en cada pulsación, a cada mirada, en cada comportamiento. Se revitaliza el organismo y la mente deja espacio para nuevos sueños e ilusiones, antes impensables.

- Que tu relación de amante no se convierta en un reto. Una paciente me decía: «Es cuestión de orgullo: debo conseguirlo para mí y que deje a la bruja de su mujer». Le respondí: «Pero si es cuestión de orgullo,

¿por qué aceptas que te haga a un lado después de cada encuentro?». No supo qué responder. Su amor propio se hacía trizas cuando el hombre miraba el reloj, se vestía y literalmente se esfumaba hasta la próxima vez.

- Haz uso de tu libertad, así sigas con él o con ella. No dejes tus *hobbies*, actividades, amistades o estudios, y si has hecho a un lado algunas de estas cosas, retómalas con urgencia, porque te harán más inmune a la dependencia. Regodéate en el autorrefuerzo, mereces todo aquello que le viene bien a tu vida. No necesitas de nadie para andar por los lugares que te agradan. Inventa tus espacios, muévete a tu ritmo, y si tu amante se queja porque no te acomodas a sus tiempos, pues que se quede por el camino con su pareja. Si te amara sin titubeos, estaría a tu lado, moviéndose al compás de un sentimiento compartido y abierto a los demás.

- Toma una triple decisión y háblate en voz baja, en forma de mantra, como una meditación orientada a rescatar tu yo: «Ya no dejaré que me utilicen, que me mientan ni que me exploten». Es decir, no tiene sentido que sigas con él o con ella. Piensa: ¿no será que *tu futuro examante* hizo o hace contigo alguna de estas tres cosas?

- Finalmente, te dejo los primeros renglones de un poema de Jaime Sabines, «Solo en sueños», que refleja tu sufrimiento en cada adiós con tu eterno o eterna amante. Léela despacio y déjate llevar por las imágenes que ella te haga sentir y por el tiempo perdido.

Solo en sueños,
solo en el otro mundo del sueño te consigo,
a ciertas horas, cuando cierro las puertas
detrás de mí.

¿Triste? Pero real. Lo que es, no lo que te gustaría que fuera.

Una carta de despedida

Aquí tienes un prototipo de carta de despedida para decirle adiós a quien fuera tu amante. O el amor que te dan es completo y sin dejos de cobardía, o nada. Te aman o no te aman. Intenta escribir la tuya con la mayor sinceridad posible, no importa qué tan dura o cruda pueda resultar para ambos.

> Querido/a:
>
> Me cansé de ocupar un deshonroso segundo puesto en tu vida amorosa. Como sé que tu familia es más importante que yo, quédate con ella. No me voy a morir por no tenerte unos pocos momentos a la semana. Fuiste importante, pero el costo fue demasiado. Te convertirse en una obsesión, y todas mis energías se concentraron en un objetivo:

tenerte en mi vida a como diera lugar. Por esperarte, me olvide de mí. Me cansé de tus mentiras, de tu cobardía y de tu doble vida. Me cansé de tus justificaciones y evasivas. Me cansé de imaginarte con tu pareja, en tu hogar, mientras yo me retorcía de envidia y angustia. En fin, me cansé de querer tenerte en mi vida por encima de todo y cargarte como un karma. Serás un recuerdo, pero no tan grato. Ahora trataré de recuperar el tiempo perdido. Espero no verte más. Para que sepas, cambié la chapa, le pedí al portero que no te deje entrar. Ya no estás en mi Facebook y te borré del teléfono. Hoy nazco de nuevo. Me siento feliz de ser nuevamente libre.

* **Nota importante.** No se la entregues en persona ni se la mandes a su casa para que se entere su pareja (aquí la venganza no sirve, como casi nunca). Mándasela a su trabajo. Y dile a tus amigos y amigas que saben de tu enredo que no te lo o la vuelvan a nombrar. Es posible que dentro de un tiempo no muy lejano otra persona sea víctima de su insatisfacción afectiva, porque seguirá buscando afuera lo que no tiene en casa.

Me cansé de tu perfeccionismo y de tu rigidez mental

Un sujeto perfeccionista antes de hacer el amor: «¿Cerraste bien las ventanas? ¿Le pusiste llave a las puertas? ¿Seguro que los niños están dormidos? ¿Te bañaste? ¿Te lavaste los dientes? ¿No te queda mejor el pijama amarillo? Debo ir al baño, ¿te molesta si apago la luz? Vas bien con tus anticonceptivos, ¿no? ¡Qué tarde se ha hecho! ¿Y si lo dejamos para la semana entrante?». Es un culto al control y a que todo deba hacerse de una manera especial; de otro modo, surge la catástrofe. Si tu pareja es perfeccionista, nunca estará satisfecha, porque siempre habrá algo que podrías haber hecho mejor; no importa qué tan eficiente seas, siempre te faltarán cinco centavos para el peso.

Puede ser una pelusa, una arruga o un cubierto mal puesto, cualquier excusa es buena para recordarle al otro que está lejos del nivel de eficiencia esperado. La pareja andará contrariada y muerta de miedo a equivocarse. ¿Te pasa con frecuencia? ¿Cómo vivir con la sensación de estar bajo una lupa que magnifica los errores, la dudas, los desaciertos?

La carga del perfeccionismo hace que la relación se vuelva cada vez más solemne, amargada y formal, ya que la espontaneidad y la frescura de su pareja serán vistas por el perfeccionista como una falta de autocontrol. No digo que el amor necesite un estado de euforia perpetua para estar bien, pero de ahí a convertirlo en un departamento de control de calidad hay mucha diferencia. El estilo perfeccionista controla, organiza, esta-

blece reglas, ordena y sistematiza todo a su paso, pareja
e hijos incluidos. Los abrazos serán *exactos*, los besos
estarán *bien ejecutados* y la convivencia responderá a
un manual de funciones *claramente explicitado*. La sorpresa, la improvisación y la naturalidad serán causa de
estrés e, incluso, en ocasiones, motivo de separación. Si
tienes una pareja así, sabes de qué hablo. Es como vivir
con la espada de Damocles sobre la cabeza.

Sigues sus disposiciones al pie de la letra, cumples
cronogramas y horarios; de hecho, hasta empezaste a
imitar su conducta, quizás porque no tenías más reme-
dio si querías estar con él o con ella. Seguiste su patrón:
todo en su punto, limpio y aséptico, es decir, una pesadilla adaptativa. Estarás de acuerdo conmigo en que
una cosa es el orden y la organización y otra tratar de
meter la vida en una camisa de fuerza. ¿No te cansas de
darle gusto a su modo quisquilloso de llevar la vida, a
sus absurdas exigencias? Una paciente me decía: «Vivo
con miedo. No es que me grite o me agreda, simplemente si algo no queda como él quiere que esté, me deja de
hablar, me ignora y pone cara de ogro. Y eso me duele,
de verdad, me lastima». ¡Por supuesto que la actitud del
marido la agredía! Hay silencios que sí son agresiones,
golpes bajos, maneras de castigar al otro. Cuando le
pedí que lo enfrentara y le dijera de buena manera
lo que sentía, me dijo que al hombre eso no le gustaría
y que él siempre le recordaba que «no había que hablar
más de la cuenta». No es de extrañar: *hablar lo justo*
forma parte del delirio perfeccionista. La mujer quería
salirse de la trampa en la que estaba sin molestar al

trampero. Sería como si un esclavo quisiera convencer al amo de que la esclavitud atenta contra los derechos humanos para sentirse libre: «Amito, le pido, por favor, que reconozca que está equivocado y me conceda la libertad». Pero la libertad se gana, se toma, se conquista, y tiene un costo, así haya que luchar de frente con el miedo. Ella no fue capaz de hacerlo

Un paciente me comentaba con tristeza: «Mi señora se persigna antes de hacer el amor, no sé si para que le vaya bien o para pedir un perdón anticipado. Parece uno de esos jugadores que entran a la cancha y se hacen la señal de la cruz y miran al cielo para ganar el partido. Cada vez que hacemos el amor, lo hacemos de la misma manera, a la misma hora y en el mismo lugar. Y eso me cansa, me aburre, me quita las ganas». El hombre no se animaba a innovar en las relaciones sexuales y menos aún con algo atrevido. Había decidido limitarse a lo básico para no molestarla. ¿Cómo no cansarse, no hartarse de un sexo así, si además te prohíben toda espontaneidad e improvisación? Si esta es tu situación, ¿por qué no hablas?, ¿por qué no le explicas y propones algo renovado, más vital y más suelto? Si lo que te frena es el miedo a perder a la persona amada, revisa ese amor, que podría estar contaminado hasta el tuétano de apego. Medita un rato sobre esta frase de Krishnamurti: «El amor es ausencia de miedo». Verás que cualquiera que sea la conclusión que saques, será buena.

¿Cómo ser creativos en nuestra vida si no podemos salirnos de los esquemas preestablecidos? ¿Cómo descubrir? ¿Dónde queda el asombro, si la vida de pareja se repite de un modo sistemático y metódico? Pregúntate por qué diablos continuaste en este tipo de relación asfixiante, repleta de automatismos.

A todo esto quizás debas sumar la costumbre que tiene tu pareja perfeccionista de tomarse en serio a sí misma. Yo diría que un síntoma de salud mental es más bien tomarse el pelo a uno mismo, obviamente, sin autocastigarse. Se trata de relajarse y hacer el gesto adusto a un lado por un rato. Cuando el humor lo dirigimos a nuestro yo, bajamos las defensas, somos tal cual somos bajo el amparo del chiste o el comentario gracioso. La gente que se toma muy en serio a sí misma es insoportable, porque, entre otras cosas, no es capaz de salirse de sus esquemas. Todo es susceptible de ofensa o de pundonor. ¡Dios, qué fastidio!

Además, a los perfeccionistas les ocurre algo terrible al interior de la pareja: se vuelven extremadamente previsibles. No hay sorpresa, todo se momifica como en ciclos establecidos, planos y pesados. Y si esta práctica se mantiene con el tiempo, poco a poco se transforma en el peor enemigo de una buena relación: *el aburrimiento*. No digo que el amor deba ser un festejo de veinticuatro horas al día, ya que la vida cotidiana no es color de rosa, pero es imprescindible tener momentos de alegría compartida, de equivocaciones simpáticas, de algunos descubrimientos que nos dejen maravillados y algo atolondrados. Es la vida, no la podemos encerrar en un ordenador de última generación, no sería humana. El amor debe contener diversión, una chispa de locura no dañina que aflore en uno y sea contagioso para el otro.

Un paciente se defendía con estos argumentos: «Ah, no, lo mío es otra cosa: es una *rutina creativa*». Parece un chiste, pero fue real.

Te pregunto, entonces: ¿por qué entraste en una relación de este tipo? Quizás te ocurrió como a mucha gente: una persona juiciosa, seria, responsable, ordenada, tiene un tufillo de *buen partido*, sea hombre o mujer. La cultura nos dice eso y te creíste el cuento. Esta seriedad al cuadrado aplasta cualquier intento de regocijo. Spinoza, el filósofo, se refería al amor como una alegría. Comte-Sponville, también filósofo, retomando a Spinoza afirma que el amor es «la alegría de que el otro exista». Aristóteles manifestaba: «Amar es alegrarse». Así que, estimado lector, no vistas de luto tu relación; sacúdela y ponla a volar, conviértela en una experiencia vital, menos circunspecta y más abierta al mundo. Amar no es asistir a un velorio (aunque algunas fiestas de recién casados dan esa impresión).

Y quizás también te ocurra que, antes de estar con él o con ella, eras una persona juguetona, divertida y traviesa, y ahora apenas te ríes. ¿Dónde quedó ese brillo encantador que te caracterizaba? ¡Qué cansancio andar por la vida en cámara lenta, como si estuvieras en un bazar de objetos delicados y apenas pudieras moverte! Lo puedes cambiar, claro que sí. Imagínate que eres un elefante en un negocio de cristalería fina y que, harto de no poder desplazarte a voluntad, emites un barrito o grito de guerra y sales con todo desparpajo moviendo la trompa muerto de la risa. ¿Te lo imaginas corriendo por un escampado y haciendo lo que le plazca? Sacúdete de los perfeccionismos, así se rompan algunas cosas.

*Algunas sugerencias y reflexiones que reafirman
por qué debes liberarte de una pareja que te
imponga un estilo perfeccionista/afectivo*

- Si alguien te propone un amor escrupuloso, exacto, tacaño, inflexible, estricto, moralista, formal, probo, regulado, estructurado y organizado, y además hace alarde de ello, escapa, corre y no pares, así parezca un buen partido. Tu potencial pareja será un *superyó* ambulante en busca de víctimas. Por lo general, las personas muy perfeccionistas poseen una mezcla de fundamentalismo, dogmatismo y oscurantismo casero, un exponente de la rigidez mental y, ¿habrá algo que necesite más la flexibilidad que el amor? El *Tao* afirma: «En vida, el hombre es elástico y evoluciona. Al momento de la muerte es rígido e inmutable. Las plantas al sol son flexibles y fibrosas, pero en la oscuridad perecen secas y resquebrajadas. Por ello, lo elástico y flexible se asocia a la vida y lo rígido e inmutable da la mano a la muerte». Estar afectivamente con una persona rígida es morir todos los días un poco. Y tú no quieres eso, ¿verdad?

- Es difícil vérselas afectivamente con una persona perfeccionista y no dejarse llevar por su esquema de *corrección*. Él o ella te convencerán a ti de que el perfeccionismo es bueno, más fácil de lo que tú podrías convencerlos de lo contrario. Cuando menos te des cuenta, estarás ordenando tu casa y tu vida de manera obsesiva. Recuerda que, además de su alto poder de convencimiento, la cultura los exalta a la hora de fijar modelos ejemplares. Es absurdo: ¿qué te importan los modelos ejemplares que no te dejan vivir en paz y como quieres? ¿Ejemplares para quién?

• Desordénate un día: no te bañes, sal a la calle sin peinarte, vístete con ropa que indique tu mal gusto, no leas el periódico con extremo cuidado de doblar sus hojas, como si se tratara de una enciclopedia antigua y casi santa, tira lo que leas, empieza a leer por el final, almuerza a otra hora, duerme de otra manera o no lo hagas de tanto en tanto, inventa una nueva posición del *Kama-sutra*, en fin, tómate un día de desorden *desprogramado*. Hazlo descaradamente y sin escrúpulos, y entonces descubrirás algo maravilloso: **no pasa nada**. Repito: si de vez en cuando te sales del orden establecido por la subcultura de los perfeccionistas, todo sigue su curso, no es una catástrofe.

• Dos conceptos de psicología social sobre las normas para que tengas en cuenta, ya que los perfeccionistas no pueden vivir sin ellas, les gusta atiborrarse de decretos y regulaciones. El primer concepto es el que se conoce como ***influencia informativa*** y tiene que ver con aquella información que observamos de nuestro entorno inmediato cuando no tenemos claro cómo debemos comportarnos, pensar y sentir. Por lo general, esto ocurre en situaciones o en lugares desconocidos. Por ejemplo, si viajas a un país extraño y no conoces las costumbres, sin duda será útil para no ofender a los habitantes del lugar (obviamente, si esas prácticas no atentan contra tus creencias básicas o tienen implicaciones éticas para ti). El segundo concepto se refiere a la *influencia normativa* y ocurre cuando las personas aceptan pasivamente las normas para evitar el rechazo social y tener la aceptación de los demás. Esta influencia normativa suele tener como resultado el *conformismo*, la aceptación de las normas sociales sin chistar, así sean irracionales, arbitrarias o peligrosas. Un reconocido diccionario define *conformismo* de la siguiente manera: «Actitud de la persona que acepta fácilmente cualquier circunstancia pública o privada, especialmente cuando es adversa o injusta». ¿Por qué todo esto? Para afirmar que la gente perfeccionista es conformista. Temen los cambios y cuestionar la legitimidad de lo establecido. Si estás con una pareja que te rodea de este tipo de amor, terminarás perdiendo tu espíritu crítico; no te preguntarás por qué las cosas son de determinada manera; dirás: «Si son así, por algo será». Superficial, irreflexivo y mediocre. Pero un mantra ancestral, patrocinado por la sabiduría de la Naturaleza, te repite: «Si no te incomodas, no avanzas».

- Henry Miller decía: «Las imperfecciones de una persona, sus fragilidades, sus faltas, son tan importantes como sus virtudes. No puedes separarlas». Y Mahatma Gandhi afirmaba de manera tajante: «La libertad no vale la pena si no conlleva el derecho a errar».

Si asociamos ambos pensamientos, es claro que en el amor ambos integrantes de la pareja deben aceptarse como una totalidad; no pueden amarse por pedazos.

La poeta cubana Dulce María Loynaz lo muestra de manera encantadora en el poema «Si me quieres, quiéreme entera»:

Si me quieres, quiéreme entera,
no por zonas de luz o sombra...
Si me quieres, quiéreme negra
y blanca. Y gris, verde y rubia,
y morena...
Quiéreme día,
quiéreme noche...
¡Y madrugada en la ventana abierta!...
Si me quieres, no me recortes:
¡Quiéreme toda... O no me quieras!

• En un pequeño relato, Anthony de Melo muestra lo que puede ocurrir cuando el perfeccionismo toca la espiritualidad y se mezcla con el matrimonio:

Al maestro le gustaba la gente normal y ordinaria y recelaba de quienes se obstinaban en alcanzar la santidad.

A un discípulo que le consultó acerca del matrimonio, le dijo:

—Asegúrate de que no te cases con una santa.

—¿Por qué?, si puede saberse.

—Porque es el modo más seguro de convertirte en un mártir —replicó regocijado el maestro.

Una carta de despedida

Aquí tienes un prototipo de carta de despedida para darle un adiós definitivo a quien te ha encorsetado la vida, para aquella persona que te ha impedido ser tú, debido a una supuesta perfección que solo existía en su cabeza. Hay pocas cosas en la vida que generen un sentimiento tan fuerte de liberación como romper con una relación que te quitaba todo rastro de energía vital.

Querido/a:

¡Tantos años cuidando los detalles, las minucias, entregándote el control y sometiéndome a él! Me cansé de tanta parafernalia, de ponerle freno a la vida, de este autocontrol asfixiante que no me deja ser yo ni descubrir mi mundo interior. Seguro que acepté esa manera de vivir porque te amaba, pero también para evitar discusiones sobre lo correcto y lo incorrecto, la forma adecuada de existir y lo que debe ser, como si nunca hubiera otra opción. Me cansé de lo previsible de nuestro amor, de que me prohibieras improvisar. Me harté de lo metódico, de lo estricto del camino a seguir. No sé si fue tu intención, pero me agobiaste, me limitaste, me encerraste en una manera de ser que no es la mía, sino la tuya. Yo quiero reír, gritar, jugar, revolcarme, tener sexo a cualquier hora, perder el control de tanto en tanto y desmadejarme en el placer, sin culpas. Lo que en un comienzo me maravilló de ti, ahora me deprime, me desagrada, me repele. Me cansé de tu pulcritud, de que tu ropa no tenga una arruga, de que destiles perfume, de que tu pelo esté siempre en el mismo punto, de que tus uñas sean tan parejas, de que tus ademanes y tus gestos parezcan impostados; en fin, me agoté, ya no quiero que estés en mi vida. Quiero pintar mi casa del color que me plazca, aunque no siga los cánones del buen gusto; salir y regresar cuando quiera, comer a deshoras y cuando se me antoje, y que no contemos vitaminas, nutrientes y porcentajes de calorías. Así es, te digo adiós y me libero de ti y tus mañas y, sobre todo, de tus señalamientos. Me importa un rábano lo que digan la tradición y las normas que tanto adoras. A decir verdad, me cansé hasta de cómo respiras. ¿Que debería haberlo dicho antes? Es verdad. Me faltó coraje; creí que no podría vivir sin ti. Pero aprendí que en realidad sin quien no puedo vivir es sin mí. Adiós. Y cuando me vaya, no voy a cerrar la puerta con doble llave como me decías cada noche. Ciérrala tú esta vez. Hasta nunca.

* Nota importante. Déjale la carta mal doblada, arrugada, manchada y en el piso. No aclares nada y ni se te ocurra pedir disculpas. Mejor dicho, no digas una palabra, que la carta y su presentación hable por ti.

Me cansé de hacerme cargo de tus problemas y que no pongas de tu parte

En una consulta le pregunté a una mujer cómo era su vida amorosa y, después de un suspiro, me contó lo siguiente: «Todos los hombres que me gustan son complicados y tienen una vida llena de enredos. Para mí, amar es tener que resolver sus problemas, sacarlos a flote y ponerlos a funcionar. Lo siento como una obligación o un deber, así yo sufra mucho en el intento. La cuestión es que en todo ese ajetreo, me olvido de mí misma. Me siento responsable del bienestar de mi pareja veinticuatro horas, cada segundo, como si fuera un hijo pequeño. Suelo pensar: "Si yo no lo hago, ¿quién lo hará?". Siempre estoy con hombres desvalidos, incapaces, adictos o fracasados, como si fuera un karma. Ahora estoy con uno más joven que yo, alcohólico y muy inmaduro; no sabe qué quiere ni para dónde va. Lo acompaño a las sesiones de Alcohólicos Anónimos, estoy pendiente de él y tengo fe en que lo sacaré adelante. Él quiere tener un hijo conmigo, pero no estoy segura…».

Mi paciente, pese al sufrimiento que la aquejaba y el agotamiento que sentía, mostraba una buena autobservación. Tenía claro que algo la empujaba hacia las persona disfuncionales y que se vinculaba afectivamente con gente irresponsable. ¿Mala suerte? Pues no.

Ella se sentía atraída por ese tipo de individuos, quienes la *olían* como las abejas al polen y corrían hacia ella en busca de protección. Ella no se relacionaba con los hombres, los *adoptaba, necesitaba que la necesitaran.*

Esta tendencia no es exclusiva de las mujeres, como nos podría hacer pensar el estereotipo machista. Los hombres también lo hacen y desde temprana edad. Un adolescente me comentaba, casi como burlándose de sí mismo: «Presénteme, doctor, muchas mujeres y verá que me enamoro de la más problemática. Cuando son muy tranquilas, maduras y seguras de sí mismas, dejan de gustarme». ¿Masoquismo? No. Yo diría más bien que mi paciente sufría de lo que podríamos llamar el síndrome del *buen samaritano* emocional, una predisposición a socorrer y ayudar de manera excesiva a costa del propio bienestar.

Muchas de estas personas responden demasiado intensa y persistentemente a las dificultades de quien dicen amar. No obstante, después de un tiempo de entregarse ciegamente a su tarea de salvamento, debido a que no ven resultados, se cansan y entran en crisis.

Estar con personas desequilibradas, extremadamente irresponsables o que padezcan algún tipo de adicción no es nada fácil, y menos si pretendemos hacer de su *mejoría* el sentido de nuestra vida. No quiero decir que no se deba auxiliar a los demás, lo que mantengo es que la *obsesión por socorrer a otros a cualquier precio*, pareja incluida, sin hacer un balance objetivo de las verdaderas capacidades físicas y psicológicas de las que se dispone, podría hacer que te pases de la raya y perjudiques aún más a tu pareja y a ti mismo. Ayudar sin medir consecuencias, sin tener en cuenta realmente lo que uno es capaz de aguantar, genera un trastorno conocido como *burnout*. Determinada gente se *quema*, se *agota*, se *bloquea* o se *funde*; pierde gradualmente la energía que le produce el idealismo inicial y empieza a tensionarse o a deprimirse. De ahí que ciertas áreas profesionales sean más susceptibles al *burnout*, por ejemplo: medicina, enfermería, psicología y asistencia social, entre otras.

Melody Beattie, escritora, exalcohólica, exyonqui y dependiente emocional, lo expone así en su libro *Libérate de la codependencia*:

> Dar a los demás, hacer las cosas por ellos y con ellos es parte esencial de todo modo de vida sano y de las relaciones saludables. Pero aprender cuándo no debemos dar, cuándo no debemos ceder y cuándo no debemos hacer cosas por los demás y con los demás es también una parte esencial de todo modo de vida sano y de las relaciones saludables. No es bueno cuidar de quienes se aprovechan de nosotros para evitar su propia responsabilidad.

Yo diría que no solo *no es bueno*, sino que a veces es realmente catastrófico. Toda tu vida se puede ir a pique si estás atada o atado a alguien que se hunde y no quiere salir a flote. Obviamente no me refiero a relaciones en las que la persona incapacitada pone de su parte; el ágape (cuidado, ternura) debe estar presente en una buena relación, siempre y cuando no te exploten.

Pregunto: ¿te identificas con lo dicho hasta ahora? ¿Te has involucrado hasta la coronilla con alguien que necesita que le des soporte emocional o psicológico todo el tiempo como si fueras su terapeuta y no avanza un ápice?

Lo primero que debes cuestionarte es si tu papel de *socorrista* es racional y razonable, si la persona afectada colabora y está motivada para el cambio o sigue aferrada a sus patrones inadecuados. Si el papel de salvador que has asumido te lastima de verdad y profundamente, debes revisarlo y, quizás, pedir ayuda profesional.

Si estás con alguien que no pone de su parte, que no colabora, que no se esfuerza en mejorar pese a todas las ayudas y comprensión que le has dado y, además, amarga la vida y absorbe tu energía básica, no tienes mucho qué pensar. Se trata de tomar decisiones sin culpa ni arrepentimientos anticipados ¿Cuánto tiempo esperar? Una paciente me decía entre lágrimas: «He dedicado media vida a sacarlo de la drogas y no es más que un abusador». Media vida. En otro caso, una mujer joven me contaba: «Dice que no encuentra trabajo, pese a todas las entrevistas que le he conseguido. Ni siquiera va, duerme hasta tarde… Le dejo dinero para que pague la luz y se le olvida. Es muy dejado e irresponsable, pero yo sé que tiene potencial, no me daré por vencida». Tres años de intentar *cambiarlo* y que se encauce. Todo ello lo decía con una marcada depresión y severos ataques de pánico. ¿Dar la mano? Por supuesto, pero sin que te quiten el brazo.

A veces las personas están *entrampadas* con alguien cuyos problemas parecen estar organizados en una serie ascendente: quitas uno y aparece el otro. Y así, poco a poco, pasas de la preocupación al martirio y, sin darte cuenta, vas convirtiéndote en víctima de una víctima. Ahora eres tú quien necesita ayuda.

Una causa posible que explica por qué eres un *ayudador compulsivo* o una persona codependiente es que *cuando te necesitan, te sientes querible, útil y con sentido*. Un apego con *bypass*, con una vuelta de tuerca: depender de un dependiente. Las personas que se anulan en las relaciones para que el otro brille o salga a flote y se muestre exitoso deberían decirle a su pareja: «Mi amor, grábate esto a fuego: si para que seas feliz debo ser infeliz, no me interesa un ápice seguir contigo».

Algunas sugerencias y reflexiones para soltarte de tu papel de ayudador crónico

- Si piensas que deberías dejarte arrastrar por la dejadez, la locura o la irresponsabilidad de tu pareja, debido a que es tu *deber moral*, ten claro que *soltar* cuando te estás matando por alguien que no pone de su parte y se recuesta en ti no es un acto de cobardía, sino de supervivencia. Soltar cuando te lastiman o estás a merced de un vampiro emocional no es egoísmo, es inteligencia emocional, un acto de amor propio.

- Un paciente me decía: «Cada vez que mi mujer llega del trabajo, trae un problema nuevo con alguna de sus compañeras. Pelea con ellas u odia de un momento a otro a cualquiera. Llora, se deprime, y yo le levanto el ánimo hasta donde puedo y hasta le hago *terapia*. Ayer no dormimos hablando sobre el jefe. Según ella, no la quiere porque entró una persona nueva y le presta más atención. En muchas ocasiones, si alguien no la saluda, entra otra vez en esa especie de delirio persecutorio. También subestima a todo el mundo, piensa que son ineptos y que nadie le reconoce su labor. Este es el quinto empleo en el que le pasa lo mismo. Le he rogado que vayamos con algún profesional para que la ayude, pero se niega y la toma conmigo». ¿Qué pasaba con el hombre? Había contraído una profunda depresión debido al estrés que le generaba su pareja. ¿Cuánto tiempo llevaba en esto? Cinco años. Quería hacer las cosas por ella y no podía. Luego de las conversaciones que tenían ambos, la mujer parecía relajarse y dormía; él, en cambio, asumía el sufrimiento de ella y no pegaba el ojo buscando una solución. Mi paciente sufría del síndrome de ayudador crónico.

- La pregunta es clara: ¿hasta dónde seguir? Cada quien decide. Quizás este principio te pueda servir: *solo puedes ayudar, así haya mucho amor, a quien quiera ayudarse a sí mismo*. ¿Si no quiere ayudarse a sí mismo? Inténtalo de nuevo y otra vez, sin que esto te destruya. Pero ten claro que debe haber un límite.

- Obsérvate a ti mismo y trata de descubrir si hacerte cargo de las irresponsabilidades del otro, sus adicciones, su dejadez ante la vida o sus preocupaciones irracionales, solo por citar algunos ejemplos, está afectando tu calidad de vida, tu dignidad o tu salud. Si te enfermas para que el otro no se enferme, o si te desorganizas para que el otro se organice, vas en dirección opuesta a tu crecimiento personal

- Estar en una relación de pareja no es *adoptar* al otro, no es montar una parafernalia de primeros auxilios a su alrededor y correr ante el mínimo problema que tenga, sin que él o ella mueva un dedo. Si comienzas a ver a la persona que amas como a un hijo, tendrás un doble problema: a) ¿Cómo diablos soltarse de alguien a quien adoptaste y no sentirte mal? (Abandonar a un hijo adoptado es poco menos que terrible), y b) ¿Cómo desear a tu pareja y hacer el amor con ella si cada día la relación se hace más filial? O los dos son adultos responsables y nadie se aprovecha de nadie, o no funciona.

- ¿Por qué esta manía de buscar gente con problemas? Una posibilidad es el miedo a la soledad. Para asegurar la relación y evitar un posible abandono, buscas personas que sean necesitadas o tengan problemas complicados de distinta índole y se apeguen a ti. Como dije antes, la premisa es «necesito que me necesiten». Otro factor puede ser convertir la relación en una misión de salvamento que justifique el vacío existencial en el que te encuentras: «Esto le da sentido a mi vida, sé que soy útil».

- Hace algunos años, en un baño para caballeros, encontré este poema anónimo escrito en una pared.

Alguien se cansó o sus sentimientos desfallecieron a raíz del agotamiento de cumplir exigencias y pasar pruebas de amor. Alguien se liberó y lo puso en aquel desteñido muro como un testimonio de que el amor se cansa y se gasta si lo usamos mal.

Exigió un seguro de vida
y le di tres.
Exhortó honestidad comprobada
y no volví a robar.
Sugirió cumplimiento
y jamás llegué tarde.
Aconsejó moderación
e intenté el celibato.
Reclamó sigilo y discreción
y me volví invisible.
Alentó mi olvido
y contraje amnesia.
Pidió que la amara
con pasión y desenfado.
Pero estaba ya tan cansado,
que no fui capaz.

Quizás te veas identificado con el escrito. Hay veces, como hemos dicho, que de tanto dar y no recibir nos cansamos, nos agotamos. Comenzamos a sufrir *fatiga afectiva* y, cuando queremos arrancar, no tenemos fuerza para amar.

Una carta de despedida

Aquí tienes un prototipo de carta de despedida para darle un adiós definitivo a quien te ha quitado energía y te ha atrapado en el juego de *victima/socorrista*. Para esa persona que te ha hecho sufrir y de la cual te has hecho cargo de manera excesiva e irracional, intenta escribir tu carta con la mayor sinceridad posible, no importa qué tan dura o cruda pueda resultar para ti o para el otro. La realidad, así sea cruda, mueve montañas y cura. El solo hecho de hacerlo mostrará que no ha logrado destruirte, que en ti aún quedan fuertes vestigios de una humanidad que crecerá imparable.

Querido/a:

Ya no me hago cargo de ti, renuncio. Ni siquiera lo he meditado; es mi cuerpo quien te expulsa en aras de su autoconservación. Y lo más extraordinario, no siento ni pizca de culpa, porque di demasiado. Es claro que ya no podrás manipularme. Ya no quiero cuidarte como a un hijo; tu inmadurez me aplasta; tu inseguridad me agobia; tu irresponsabilidad me desespera. ¡Qué alivio soltarme de esta misión suicida! Lo siento, pero te quedaste sin salvavidas, y si todavía no has aprendido a nadar después de haberte enseñado tantos años, busca otro lugar de donde agarrarte. Has jugado el papel de víctima todo el tiempo, toda tu vida, y crees que los que se vinculan contigo deben hacerlo como sanadores, como si fueras un ser especial que merece ser llevado en andas. Una vez me dijiste: «Hacemos la pareja perfecta: yo necesito que me cuides y tú eres una persona cuya vocación es ayudar». Qué descaro. Me harté de trabajar por ti, de pensar por ti, de vivir por ti. Incluso, me he adelantado a tus sufrimientos y los he hecho míos, mientras tú me los entregabas con el mayor de los descaros, como si fuera mi obligación. Me cansé de rescatarte una y otra vez, de animarte, pese a tu negativismo, de sentarme contigo horas para mostrarte que eres capaz y que eres tú quien debe luchar por sus sueños, no yo. Y ya lo ves, pensabas que no iba a ser capaz, pero hoy, en este preciso instante, te digo adiós, me libero de ti. Al quitarme este peso de encima, siento que finalmente puedo ocuparme de mí. Te deseo lo mejor.

* **Nota importante.** No la entregues personalmente, a no ser que tengas la certeza de que su manipulación y chantaje emocional no harán efecto en ti, y precipiten un retorno a lo que no quieres. Si crees que él o ella podría atentar contra su persona, busca ayuda profesional para que te oriente durante lo que dure la ruptura.

Me cansé de que me trates mal

Supongamos que te han educado con el valor del respeto al otro. Tus modelos, la escuela, la familia y la gente que te rodea en general te han inculcado ese principio y forma parte de tu manera de pensar, sentir y actuar. Así has vivido, así te has comportado hasta que te enamoraste perdidamente de una persona violenta e impositiva, cuya norma de vida es la tiranía. La amas tanto que has creado la ilusión de que algún día reconocerá que eres alguien a quien debe respetar. Incluso, te consuelas diciéndote que *muy pocas veces* ha llegado a las manos. Pero aun en ese caso, suponiendo que la agresión que ejerce sobre ti es psicológica más que física, la actitud tolerante no te servirá de nada: le darás más poder y serás cómplice del abuso.

Piensa, por favor: estás esperando que un sujeto que te maltrata emocionalmente, te humilla, te descalifica, te grita, te insulta, te intimida, te genera temor o sufrimiento moral, pase de la intimidación a la ternura, del rechazo a la caricia, de la descalificación a la admiración gracias a una toma de conciencia. ¿Realmente piensas que esa *mutación* puede ocurrir? ¿Con ayuda profesional? Quizás mostraría alguna mejoría, si no se trata de una personalidad psicopática o altamente agresiva. Pero, si ya hay una historia de comportamientos violentos que se han venido repitiendo, ¿valdría la pena? ¿Y qué harías con lo que se grabó a fuego en la memoria? ¿Podrías relacionarte sin miedo a que se repitieran esas situaciones? Enfatizo esto: deberías reaccionar defendiendo tus derechos; bastaría con uno solo de los comportamientos agresivos y ofensivos señalados arriba.

Pensarás que soy escéptico, y es verdad. Lo soy porque no se cumple la única certeza que se debe exigir en las relaciones humanas, sean cuales fueren: *que la persona que amas nunca te hará daño intencionalmente*. De no ser así, el vínculo es imposible de sobrellevar de manera saludable. Podrías argumentar que el perdón te engrandece. Si crees esto y quieres, pues perdónalo, pero déjalo. Perdonar es recordar sin rencor y no brindar amnistía (no eres cura ni juez). Y digo esto, porque perdonarlo y quedarte como si nada hubiera pasado no te exime del riesgo físico y psicológico que corres con una recaída de tu pareja. Es probable que en tu interior sepas que tu mente está tan debilitada que no aguanta ni un embate más. Los golpes dejan moretones (con esa prueba puedes ir a la comisaría), pero los ataques emocionales no dejan rastro observable, aunque acaben contigo.

¿Cuántas veces el pánico te ha hecho temblar? Y cuántas otras anticipaste su reacción negativa y acertaste. Solo quien lo vive puede saberlo, solo quien siente la depreciación y el atropello de la persona amada sabe a qué me refiero. De tanto machacarte, tu autoestima se agrieta, desfallece. Es cuando piensas: «¿Será que tiene razón, que las cosas son como dice, que merezco el trato que me da?». Cuando pierdes el carácter de sujeto para convertirte en un objeto, tu identidad se pierde; ya no sabes quién eres. La violencia en la pareja empequeñece el alma y aceptarla mansamente destruye tu dignidad.

¿Recuerdas la angustia al sostener su mirada, los llantos solitarios, las dudas sobre tu valía personal, las ofensas que se convirtieron en el pan de cada día? ¿Recuerdas las veces que has tenido que tranquilizar al verdugo dándole la razón cuando no la tenía? Cada vez que aceptas el maltrato y tratas de justificar lo injustificable, terminas animando al otro a que incremente su conducta enfermiza. ¡Y cómo se pavonean los que abusan del poder y lastiman en nombre de una supuesta superioridad!

Dicho de otra forma: por *amor* aceptas lo inaceptable. Pero, luego, cuando estás a solas con tu vapuleada humanidad, te arrepientes, te sientes como una persona estúpida, débil o poco querible. ¿No es extenuante vivir con la dignidad apaleada? ¿No es mejor salir de ese agujero negro? ¿No te cansaste de ser una especie de saco de boxeo que recibe y recibe sin moverse de su sitio? El apego afectivo limita la autonomía, porque no serás tú quien decida, sino el miedo a perder a tu *media naranja*, así sea agria como un limón.

Cuentan que un cachorro de león se crió con un pequeño perro. Ni bien nació el felino, el perro lo mortificó todo el tiempo: lo mordía, le ladraba, se le subía encima y le quitaba la comida. Este condicionamiento fue tan fuerte, que cuándo el león creció y era una bestia que asustaba a todo el mundo, con solo ver al perrito de su infancia se orinaba del susto. No importaba la gran diferencia de tamaño o que pudiera acabarlo de un zarpazo, nada lo hacía reaccionar, porque el temor condicionado anulaba el más feroz de los instintos.

Mírate con otros ojos. Quizás la fuerza y el poder que demuestra tu pareja se han alimentado de tu adrenalina y tu debilidad. No digo que la persona que amas no sea objetivamente peligrosa, porque, de ser así, debes pedir alguna ayuda legal o de cualquier otro tipo. Me refiero a que si le estás atribuyendo más fortaleza de la que tiene, si de pronto resulta que tu pareja es un pekinés y tú una fiera que no se reconoce a sí misma, no dejes que el lavado cerebral te convenza de una supuesta incapacidad que no tienes. El miedo paraliza y limita nuestras facultades. Pero quizás un día, cuando de verdad te canses de la esclavitud emocional en la que estás, expreses un «¡Ya no más, me harté de ti!», tan potente como el rugido de un león.

Algunas sugerencias y reflexiones que te ayudarán a tener claro por qué el autorrespeto no se negocia, ni siquiera por amor

- No eres más que nadie, pero tampoco menos que nadie. El autorrespeto significa que te consideras valioso, es decir, que mereces lo bueno, lo amable, lo tierno. Quizás después de haber sido víctima de maltrato, tu *yo* apenas se reconoce, pero tu esencia, lo que eres en verdad, no te lo pueden arrebatar, ni siquiera en nombre del amor. El día que entiendas esto, no habrá nada ni nadie que ponga a tambalear tu autoestima.

- ¿Qué es faltarse al respeto uno mismo? Ridiculizarse, menospreciarse, sentirse inferior o rechazar lo que uno es en verdad. Aunque no te des cuenta, puedes convertirte en tu peor enemigo si te castigas y te degradas. Decir: «No valgo la pena» o «Merezco que me traten mal» es denigrar tu ser y negar tu humanidad. ¿Cómo quieres que te respeten y te quieran si tú no lo haces? Las agresiones no solo te lastiman, sino que te quitan energía vital, te dejan sin fuerzas para enfrentar la vida, frenan tu crecimiento interior y ponen a tambalear el amor propio. No dejes que tu pareja acabe contigo. Recuerda: tus derechos son inalienables, son privativos de tu naturaleza por el solo hecho de estar vivo.

- El filósofo Comte-Sponville dice: «El respeto es el sentimiento que tenemos de la dignidad de algo o de alguien». Y *dignidad* es lo que no tiene precio ni un valor de uso. Lo digno no es un medio para obtener algo, sino un fin en sí mismo. Cuando tu tan amada pareja te utiliza para obtener alguna cosa en su beneficio o simplemente para descargar su ira, no te valora, te rebaja a su máxima expresión. Y te pregunto: ¿puede haber amor del bueno si el individuo que supuestamente amas no reconoce tu dignidad y viola tus derechos humanos? Conclusión: si te lastiman adrede, no te quieren, no busques más excusas.

- Cuando te declaras lacayo de alguien, así sea por amor, también pierdes dignidad. El servilismo está fundamentado en la idea de que el otro es más que tú en esencia y por eso hay que someterse, obedecer y aguantar, sobre todo, aguantar. Defender el *yo* sería rebelarse y desconocer la presunta superioridad de quien te aplasta. ¿Has sentido alguna vez que tu pareja es más respetable que tú? Si la respuesta es afirmativa, hay que encender las alarmas y buscar ayuda profesional urgente. Para sacar a flote tu autorrespeto y sentir su poder, no te inclines jamás ante nadie y menos por amor. Intenta ser irreverente (no rendir reverencias) frente a los modelos de autoridad que quieren imponerse sobre tu integridad y te quitan libertad. Atrévete a decir un maravilloso, sonoro y sentido: «No quiero», «A partir de hoy no más». ¡Qué felicidad negarse a seguirle el juego al que te acosa! El *amo* solo puede existir si hay algún esclavo disponible. Cuando no aceptes más tu condición de súbdito, serás libre.

- El amor debe ser democrático y no dictatorial. Todos somos iguales en lo que a derecho se refiere; por lo tanto, si la relación es vertical, no hay vuelta de hoja, es autoritaria. Hay al menos tres límites con los que no se debe negociar en las relaciones afectivas y en cualquier orden de la vida: cuando te cosifican (dejas de ser un sujeto válido), si afectan tu autorrealización (bloquean el desarrollo de tu potencial humano) y cuando violan tus principios (pisotean lo que para ti es entrañable y vital). El buen amor va de la mano de la generosidad y la compasión (sensibilidad al dolor del otro). La persona que amas, si lo haces sanamente, siempre te importará mucho, querrás sufrir para que ella no lo haga y sus logros serán como si fueran tuyos. No hay amor si no hay admiración, orgullo del bueno de estar con quien estás. Los depredadores afectivos no hacen nada de lo anterior, por eso debes dejar claros tus límites y, si alguien los traspasa, vete, no lo dudes: estás con el enemigo.

- No trates de justificar la violencia o el maltrato apelando al amor. Lee el siguiente texto de Jiddu Krishnamurti y analízalo a detalle:

  La violencia no es solo matar a otro. Hay violencia cuando usamos una palabra denigrante, cuando hacemos gestos para despreciar a otra persona, cuando obedecemos, porque hay miedo. La violencia es mucho más sutil, mucho más profunda.

  Insisto: cuando te ignoran, te miran con rabia o con asco, señalan tus errores, se burlan, no te abrazan cuando lloras, rompen objetos frente a ti, te desprecian, en fin, cuando te hieren sin tocarte, también hay violencia.

- Tres frases para que guardes en tu corazón y medites en ellas. No las subestimes, las palabras pueden ser muy poderosas. No digas *puro humo* antes de acercarte a ellas. Si las internalizas, tendrás tres razones más para mandar todo al diablo. Tres motivos para que el cansancio se afiance. Un músico jamaicano, un filósofo español y un pastor estadounidense:

  Bob Marley: «No hay peor pecado que provocar lágrimas en una cara que nos ha regalado sus mejores sonrisas».

  ¿No es normal, entonces, que te sientas víctima de la *injusticia*? No solo el amor debe ser recíproco, sino también las buenas relaciones en general, las respetuosas, las amables, las que inventan la cortesía en cada mirada.

José Ortega y Gasset: «El río abre el cauce y luego el cauce esclaviza el río».

Es verdad, pero hay algo más, un dejo de esperanza: en ocasiones, el río, furioso y triunfante, en una exaltación de libertad, explota y desborda el cauce y corre feliz, incontenible.

Martin Luther King: «En el centro de la no violencia se alza el principio del amor».

Aunque parezca obvio, es bueno que nos lo reafirmen: amor y violencia son incompatibles. Erich Fromm decía: «Amor y violencia son contradicciones irreconciliables», no solo por razones éticas o de principio, sino por pura lógica: no puedes lastimar a quien amas; antes te lastimarías a ti mismo, si el amor fuera auténtico. Podríamos decirlo al revés e igual sigue siendo una frase poderosa y bella: «En el centro del amor se alza el principio de la no violencia».

Una carta de despedida

Aquí tienes un prototipo de carta de despedida para darle un adiós definitivo a quien te ha vapuleado y hecho sufrir. Intenta escribir la tuya con la mayor sinceridad posible, no importa qué tan dura o cruda pueda resultar para ti. El solo hacerlo mostrará que no ha logrado destruirte, que en ti aún quedan fuertes vestigios de una humanidad que crecerá imparable.

Querido/a:

Durante mucho tiempo me he sentido como una pequeña e indefensa mosca atrapada en una telaraña, siempre amenazada. He sentido, lo digo con dolor y con rabia hacia mi persona, la tortura de estar a tu lado. Pero que te trate mal la persona que amas es doble tortura, y a eso me sometiste. Me has hecho daño, mucho daño. Pero ya ves, aún puedo resurgir de mis cenizas, de cada ofensa, de cada contusión. Hoy te pongo en tu lugar y, escucha bien, grábatelo: no eres quién para tratarme mal. Y gracias a esa claridad me ha ocurrido algo excepcional, algo que genera en mí una fortaleza nueva: ya no te tengo miedo. Retomo el poder que te entregué, me lo apropio, lo hago mío, pero no para vengarme, sino para olvidarte lo más rápidamente posible, para arrancarte de mi vida como si fueras un cáncer. Me cansé de la opresión y el despotismo que padecí cada día. Lo único que quiero es no verte más y que sepas que la víctima que he sido, porque me dejé llevar por un amor idiotizado, ya no acepta ese papel. Entendí que amar no es capitular en mis principios. Me cansé de tu patanería, de la crudeza de tus actitudes, de la falta de empatía y de que me señalaras con el dedo. Me cansé de no ser capaz de mirarte a los ojos para no sentir tu desprecio y tu fastidio. En fin. Te dejo, y este solo acto me hace recuperar el autorrespeto que me robaste.

* **Nota importante.** Si no hay peligro para tu integridad física o psicológica, sería conveniente entregársela personalmente y que seas capaz de mirarle y comprobar que el miedo se ha convertido en una mezcla de alegría e indignación manejable. No entres en ningún tipo de aclaración, diálogo o conversación posterior. La lees, se la entregas y te alejas (si quieres, corre y salta) mientras piensas: «Nunca más». Pero si sospechas que puede resultar peligroso para ti, mándasela por correo cuando estés muy, pero muy lejos.

Me cansé de que me vigiles y desconfíes de mí

No me refiero a un instante o a una situación puntual, de lo que hablo es de la vigilancia y desconfianza veinticuatro horas, todos los días, cada semana, cada mes, todo el tiempo. ¡Qué cansancio! ¡Qué hartazgo ser observado y *custodiado* porque, en principio, eres sospechoso de engañar, de la manera que sea, a tu pareja! Los individuos exageradamente suspicaces y con rasgos paranoides han desarrollado la creencia irracional de que la persona que aman les pertenece; ellos son sus propietarios. «¡Eres mía!» o «¡Eres mío!», se ve en películas, teatro, telenovelas y se lee en literatura. Enfático, celos en estado puro, celos sin anestesia. ¿Habrá algo más adictivo que, cuando bajo los efectos de Eros decimos: «¡Hazme tuya!» o «¡Hazme tuyo!»? «Tómame y haz lo que quieres, no me interesa ser yo, quiero ser tú, formar parte de tu ser, diluirme en él, que me absorbas, que me devores. Mi ser sobra y estorba; mejor el tuyo».

Recordemos. Para el indiferente, simplemente no existes; para el que te maltrata, no eres un ser humano, sino una cosa; para el perfeccionista, eres una máquina de cometer errores; y para el celoso/vigilante, eres una propiedad, algo que posee y aprecia en grado sumo, por la razón que sea, y como tal, debe estar seguro de que no te perderá.

Hace poco recibí un *e-mail* de un hombre que reunía las tres causas más importantes de los celos, todas concentradas en su persona. Lo que escribió fue: «Es imposible que ella me sea fiel. Mis razones son tres: las mujeres en general no son confiables; además, mi mujer en particular es un poco ingenua y no se daría cuenta cuando alguien quisiera conquistarla, y yo no soy un buen partido ni un hombre atractivo. Así que es fácil que me reemplacen. Estoy a la espera de que me engañen en cualquier momento».

Pobre hombre, resignado ante la adversidad de los cuernos. Fatalismo de un engaño anunciado. Analicemos. Afirmar que «las mujeres son poco confiables» configura un estereotipo sexista y misógino. Al decir que la esposa es poco confiable porque es fácil de conquistar, sigue mostrando la cuestión sexista y, además, un amor dudoso: si no hay admiración por la persona que amamos en algún sentido, aquí y en China, el amor es incompleto y poco saludable. Y el tercer punto: pensar que no es un buen partido, deja claro un serio problema de autoestima. ¡Pobre mujer, la que haya estado o esté con él! ¿Cómo habrá hecho para tranquilizarlo y sobrevivir a su anticipación catastrófica? Triple desconfianza: «No confío en las mujeres, ni en mi pareja ni en mí mismo».

Si tu pareja desconfía de ti, ¿no te ofende esa actitud? ¿Ve romances y flirteos donde no los hay? Si es así, pide ayuda profesional, porque la cosa puede crecer como un virus. La celotipia es un delirio en el que el supuesto afectado hace correlaciones ilusorias y ata hechos que nada tienen que ver. Jacinto Benavente decía en uno de sus escritos: «El que es celoso no es nunca celoso por lo que ve; con lo que se imagina basta».

El problema se agrava si para tranquilizar su ansiedad has aceptado el acto irracional de *escanear* a la pareja para que quede libre de sospechas. A una paciente, cada vez que llegaba del trabajo, su pareja le obligaba a quitarse la ropa interior y le olía la vagina para saber si había estado con otro hombre. Luego de semejante invasión, el marido se sentía más tranquilo, si ningún aroma hacía presumir la presencia de un pene ajeno al de él. ¿Por qué se prestaba la mujer a esta afrenta? Porque pensaba que así iba a convencerlo de que sus ideas de infidelidad no tenían fundamento. Ella creía que cuantas más veces le *demostrara* que estaba equivocado, más debilitaría su aprensión; pero no es así. La desconfianza amorosa, en quien la sufre, es insaciable. El mismo hombre en una cita me dijo: «Sí, yo sé que hasta ahora no lo ha hecho, pero... ¿y mañana?».

Buscaba la certeza o que algún ser trascendente bajara del cielo y le confirmara con rigurosidad cósmica que nunca pasaría la situación temida. En su caso pensaba que la esposa se encontraba como una débil oveja en la mitad de una manada de lobos. Recuerda: cuanto más accedas a dar pruebas de tu inocencia a una pareja celosa, mayor será su exigencia. Es como un drogadicto: cuanto más droga le das, más quiere; nunca se sacia.

El cerebro del hombre o la mujer celosa parece fallar en calcular la probabilidad de que la infidelidad ocurra, ya que la confunden con la *posibilidad*. ¿Es posible que tu pareja sea infiel? Sí, es posible, nadie está libre dadas ciertas circunstancias. No obstante, la pregunta clave es: ¿qué tan *probable* es que suceda en realidad el engaño? Los obsesivos/vigilantes cambian en la pregunta *probabilidad* por *posibilidad*. Siguiendo este patrón, lo que pretenden es bajar sus dudas a cero, y la única forma de lograrlo es que todo el ambiente que rodea a la pareja quede bajo control.

Si has entrado en este juego, no será fácil salir. Antes, la gente suspicaz con su pareja contrataba un detective; hoy utilizan un *smartphone* y la persecución implacable es con WhatsApp, Facetime o cualquier método que permita observar y fiscalizar en vivo y en directo a la persona que se dice amar. Algunos datos preocupantes muestran que las mujeres adolescentes sometidas a esta inspección amorosa digital lo aceptan como parte natural de una relación en la que el amor del otro es tan grande que no lo pueden controlar.

Te pregunto, aunque la respuesta debería ser obvia: ¿es lógico aceptar el encierro, así sea en nombre del amor? Un paciente le decía muy ofuscado a su mujer: «¡El grupo de amigas con las que te reúnes cada quince días son todas separadas!». Ella respondió, defendiéndose: «¿Y cuál es el problema? ¿Acaso la separación es contagiosa? Tú también tienes amigos separados y, cuando sales con ellos, no te digo nada». Él replicó: «Es distinto, en los hombres es natural». Fueron varias citas las que tuve con el señor para que, al menos, flexibilizara sus creencias sobre los derechos de los hombres y las mujeres. No obstante, siempre estuvo inquieto con las salidas de su mujer, porque pensaba que alguna amiga le *llenaría la cabeza* de pensamientos *malos*. Recapacita: si no eres libre de elegir a tus amigos y amigas, estás con un carcelero. Pero que quede claro: tú tienes las llaves para salir de la celda y no las utilizas.

Uno puede acostumbrarse a cualquier cosa cuando la resignación echa raíces. Con el tiempo, la *inspección amorosa* se convierte en algo natural y la víctima termina pidiendo permiso hasta para respirar. Es más, algunos enamorados, como si fueran masoquistas, exigen la vigilancia y la preocupación del otro como prueba de amor. Una mujer joven me decía: «Yo dudo de su amor. ¡Es que nunca me cela!». Es la creencia infundada o el mito de que el amor pasional debe andar en la cuerda floja y doler para que sea verdadero. ¿La premisa irracional? Si no temes perderme, no me amas, y cuanto más temas, más amado o amada me siento.

¿Todavía no ha hecho mella en ti el cansancio, el tener que dar santo y seña, subir al estrado y rendir cuentas de cada cosa que haces, piensas o sientes? ¿No te produce hastío que te respiren en la nuca? Ya es hora de poner en práctica tu mejor versión de autonomía: nadie decidirá por ti ni sobre tu vida. Se llama *autogobierno*, no importa cuánto amor haya. Disponer de uno mismo es el mínimo requisito para sentirse con la dignidad necesaria de mandar todo al diablo si hubiera que hacerlo. ¿Y si no te dan permiso de cansarte? Esa es la paradoja, ¿un cansancio con la bendición del que dejarás? Un hombre le decía a una mujer en mi cita: «¿Cómo que "ya estás harta"? ¡Yo decido cuándo te cansas y cuándo no! ¿Entendiste, carajo?». Luego le acercó la cara hasta casi quedar pegada a la de ella y abrió los ojos enrojecidos de la ira. La pobre mujer estaba lívida. Yo intervine: «Por favor, señor, vuelva a su sitio», y le pregunté: «¿Ella no es libre de tomar sus decisiones?». Se quedó pensando unos segundos y respondió: «¡Sí, pero con mi visto bueno!». Nada qué hacer. Cuando ella le perdió el miedo, similar al relato del león al que me referí en otra parte, y se dio cuenta de que el monstruo que tenía enfrente lo alimentaba ella con su debilidad, solo entonces pudo salir por la puerta grande y no volvió nunca. El hombre intentó regresar, sin éxito. Mi paciente solo se dedicó a ser escandalosamente libre.

Hazle a tu pareja *monopolizadora* una propuesta de convivencia digna, menos esclavista, más tranquila y confiable. Intenta también que pida ayuda profesional (recuerda que la celotipia es un trastorno). Si te aman de verdad, él o ella no tendrán más opción que aceptar. Y si no lo hacen, mejor saberlo de una vez para alejarte y hacer uso de la libertad que te han robado.

Sugerencias y reflexiones para que te liberes de una pareja que te considera una posesión amorosa

- Roland Barthes, filósofo y escritor francés, en el libro *Fragmentos de un discurso amoroso*, dice respecto a los celos:

  > Como celoso sufro cuatro veces: porque estoy celoso, porque me reprocho el estarlo, porque temo que mis celos hieran al otro, porque me dejo someter por una nadería: sufro por ser excluido, por ser agresivo, por ser loco y por ser ordinario.

  Más desventajas que ventajas, sin duda, frente a los otros y frente a uno mismo. Que te amen respetando tu independencia o que no lo hagan.

- Una persona con la idea obsesiva de mantener al otro bajo control absoluto es una bomba de tiempo, debido a que la irracionalidad que conlleva la necesidad de posesión, en muchas ocasiones, se acompaña de agresión y un sentimiento del *honor ofendido*, que busca venganza, así no sea real. Cualquier coerción o limitación física que se dirija a tu persona por parte de tu pareja debe denunciarse a las autoridades competentes. Aunque haya matrimonios que más parecen un secuestro amañado, amar no es secuestrar, así haya flores y poesía amorosa de por medio. Quien te ama de una manera saludable quiere verte feliz.

Quien te ama sin agobios ni suspicacias, busca el bien de los dos y no solo tranquilizarse de los pensamientos de infidelidad que le agobian. Insisto: solo se ama en libertad, grábatelo.

• Si alguien viola tus derechos, no es correcto justificarlo en nombre del amor. Que te roben tu autonomía, quizás el bien más preciado, es una forma de deshumanización, de no respetar tu esencia y, por tal razón, no es negociable. Sin autonomía, sin la capacidad de decidir, no importa cómo lo quieras pintar, estás en una prisión real o virtual, no hay vuelta de hoja. ¿Cómo resignarse a eso? Una mujer de unos cincuenta años, que fue a consulta por presentar un trastorno de ansiedad, era sometida a una revisión casi policial cuando llegaba de la calle. El marido la esperaba y la sometía a un interrogatorio para saber dónde y con quién había estado. Por ejemplo, si ella llegaba de hacer algunas compras, preguntaba: «¿A qué hora llegaste al lugar?», «¿dónde dejaste el auto?», «¿subiste la escalera eléctrica sola o alguien se puso a tu lado?», «¿en qué comercios compraste?», «muéstrame las facturas», y así. Minuciosamente desglosaba cada cosa, mientras la miraba a los ojos tratando de leer vaya a saber qué cosa. Un día le pregunté a la mujer por qué aceptaba mansamente lo que él le hacía. Ella me dijo: «Hay que comprenderlo, doctor. Siempre ha sido así, tiene miedo de perderme. Me ama con locura, no puede vivir sin mí. Algunas veces se pone agresivo, pero es por amor que lo hace. Él me cuida»; le respondí: «Pero cuando le hace esas escenas de celos, ¿no le preocupa, molesta o incomoda? O, por el contrario, ¿se siente amada?». Se le encharcaron los ojos y me dijo: «Y sí, yo pienso que es una dicha tener un hombre que me ame hasta este extremo». Volví a preguntarle: «Pero podría ser miedo, más que amor». Entonces se puso seria: «¿Qué quiere decirme? ¿Que no me ama?». Y fue cuando me di cuenta de que los dependientes eran dos. La adicción emocional lleva a justificar cualquier cosa. No hay límites.

• Medita sobre esta cita de Osho:

Los celos abarcan una de las áreas más prevalecientes de ignorancia psicológica respecto a ti mismo, respecto a otros y, más particularmente, respecto a las relaciones.

   Las personas creen que saben lo que es el amor. No lo saben. Y su incomprensión sobre el amor crea los celos. *Amor* significa para la gente una cierta forma de monopolio, cierta *posesividad*, aunque no se entiende un simple hecho de la vida: en el momento que posees a un ser viviente, lo matas.

   La vida no se puede poseer. No la puedes tener en un puño. Si quieres tenerla, tienes que mantener las manos abiertas.

¿Te llegó? Amar con las manos abiertas. Dejar ser al otro. Si quieres saber qué tan fiel es tu pareja, no estorbes su libertad. ¿No quieres ver las cosas como son? ¿O prefieres tapar el sol con el dedo? Nadie puede considerar que la persona que ama es fiel si se siente atada a la pata de la cama. El Nuevo Testamento nos enseña: «La verdad os hará libres», pero yo pienso que la libertad también te lleva a la verdad, es decir, al acto de ver lo que me rodea sin sesgos. Tienes que ser amada o amado por tu pareja, no acaparado, como dice Osho. La fidelidad se ve en pleno uso de la libertad y esa es la angustia del celoso: correr el riesgo.

- En esta reflexión verás la sabiduría de Epicteto y de Diógenes, filósofos de la antigüedad, al servicio de la liberación. Es extraída de mi libro *Filosofía para la vida cotidiana*. ¿Quién optaría por la reclusión si tiene la opción de ser libre?

«¿Cuánto vale tu libertad?», preguntaba Epicteto, que era esclavo. Es evidente que nadie es completamente libre y, por eso, la consigna que parece haber funcionado por siglos es la de la reciprocidad: ajustas tu libertad para no afectar la mía y yo hago lo mismo. Un doble autocontrol sincronizado. El problema se presenta cuando la vida es aprisionada y limitada en lo fundamental y los acuerdos son imposibles.

La libertad de los peces

Epicteto comentaba acerca de los intentos de Diógenes para que el rey de los persas no invadiera la ciudad de Atenas:

Diógenes: No puedes esclavizar a la ciudad de Atenas; no más que a los peces.

Rey: ¿Pretendes que no los capture?

Diógenes: Si los capturas, te abandonarán y se irán, como los peces. Y es que, si atrapas un pez, se te muere. Piensa entonces: si los atenienses se mueren al ser capturados, ¿qué beneficios sacas de tu expedición?

Y luego Epicteto agrega: «Esa es la voz de un hombre libre...».

Los pájaros no hacen huelga de hambre; sería absurdo atribuirles intenciones ideológicas; sin embargo, he visto algunos que dejan de comer si no los sueltan. Un pájaro *Epicteto*: «Tendrás mis plumas, mi pico, mis garras, pero no a mí, no mi vuelo, ni mi alegría ni mi canto». Algunas aves que a simple vista parecen desesperanzadas y resignadas, apenas se les abre la jaula, se lanzan al vacío, veloces y llenas de vitalidad. No dudan un instante, brincan y se alejan. La genética tiene algunos principios no negociables: la libertad es uno.

• Aclaración importante: no todos los celos son enfermizos o infundados. Cuando hay razones objetivas, la suspicacia adquiere un sentido protector, porque busca descubrir la verdad. Si tu pareja es extremadamente coqueta o se excede en el contacto con otras personas, es lógico que te mortifiques, y en ese caso hay que conversar sobre el asunto con el otro. Pero insisto: la conducta *sospechosa* debe ser objetiva y no producto de tu imaginación. La celotipia, por su parte, ocurre cuando lo imaginado suplanta la realidad.

• Te regalo esta frase de Confucio. A mí me puso a pensar mucho:

Es más vergonzoso desconfiar de nuestros amigos que ser engañados por ellos.

A veces habría que decir: «Discúlpame, mi amor, por no confiar en ti. Me avergüenzo de pensar así. ¿No te parece un acto de humildad amorosa, de reconocimiento del otro como un sujeto válido en tanto no merece tu desconfianza?

Una carta de despedida

Aquí tienes un prototipo de carta de despedida para darle un adiós definitivo a quien te vigila, controla y no confía en ti. Esta carta es un precedente de que nunca negociarás tu libertad, pase lo que pase. Esta ruptura es un acto de protesta que te dignifica. Y detrás está el cansancio constructivo que te empuja, el hartazgo de haber tenido que demostrar tu inocencia a cada instante. Escribe tu carta en el estilo y la forma que quieras.

Querido/a:

No sé si lo tuyo fue amor ni me interesa. Lo que sí sé es que nada justifica el tiempo que pasé bajo tu vigilancia y obsesivo control. Me fui acostumbrado a rendirte cuentas, a pedir permiso, a darte todo tipo de explicaciones para demostrar mi inocencia, es decir, mi fidelidad. Pero en realidad, en lo más profundo de mí había un sentimiento de agravio, de ofensa. Ya ves, he decidido no alimentar más a mi carcelero. Un día cualquiera me cansé de tu persecución, el hastío me colmó y desplazó el amor que sentía por ti. Fue agotador estar a tu lado, fue aplastante tener que dar cuenta de cada acto de mi vida. Una vez conté veinte llamadas en media hora cuando fui de compras. No puedes recluirme y meterte en mi mente, ni limitar mi existencia para manejar así tu ansiedad. ¡Cuántas veces te pedí, te supliqué que pidieras ayuda profesional y nunca quisiste hacerlo! Me cansaste. Algo que creíste y creí imposible ocurrió. Sentía que me consumía, que cada día me deshumanizaba más sin la libertad básica que tiene cualquier persona. No quiero hacerme cargo de tus inseguridades ni de tus miedos. No más. ¿Cómo ocurrió este despertar? No sabría decírtelo. Fue instantáneo. De pronto mi cuerpo y mi ser dijeron basta. Y hoy la dicha de andar como quiera y por donde quiera, sin dar explicaciones ni razones, me hace feliz. Ahora yo mando sobre mí, yo decido. Ya te saqué de mi vida y de mi corazón, ya me solté. No quiero verte nunca más. Ojalá no le hagas a otra persona lo que me hiciste a mí.

* **Nota importante.** Tu ruptura confirmará su creencia de que andabas con alguien. Por eso, no entregues la carta personalmente. Si lo haces, te increpará y quizás te ataque de alguna forma. Y como sabes que es imposible que entre en razón, no te justifiques, trata de no explicar nada. A cualquier pregunta tienes el mejor argumento: «Me cansé de ti».

Me cansé de tu narcisismo y de que te creas el centro del universo

Un paciente narcisista me comentaba extrañado: «Es que no entiendo, doctor, cómo mi señora no agradece que me haya fijado en ella». Su esposa era una mujer bella y amorosa, pero el hombre solo la veía como una prolongación de sí mismo, como un apéndice. Una pareja en la que uno de sus miembros ocupa el centro de la relación y el otro funciona en la periferia es claramente disfuncional: nunca se encuentran. La personasególatras (que se rinden pleitesía a sí mismas), egoístas (que buscan acaparar lo más posible sin importar los otros) y egocéntricas (que no tienen la capacidad de salirse de su propio punto de vista) excluyen al prójimo o lo rebajan y están convencidas de que son *especiales* y mejores que los simples mortales. Consideran normal sentirse por encima de la persona que supuestamente aman simplemente *porque así es la vida*, es decir: son extraordinarias, porque así lo determinó la naturaleza o el universo. Una paciente con ínfulas de grandeza me decía, sin sonrojarse: «Soy más que los demás, ¿qué le vamos a hacer? Usted también tiene que aceptarlo». La había llevado el marido prácticamente a la fuerza, cosa que tiene mucho sentido. En el argot psicológico corre el siguiente dicho: «Los pacientes suelen ir solos al psicólogo, a los narcisistas hay que llevarlos».

¿Te enganchaste con alguien cuya autoestima anda por los cielos? ¿Alguien que padece de grandiosidad? Pues de ser así, estás en un problema complicado. Jamás se bajará del pedestal en el que se ha encaramado. ¿Pesimismo de mi parte? No. Más bien, realismo. Tarde que temprano el *yo* del narcisista te aplastará. ¿Cuántas veces, sin darte cuenta, te encontraste a ti mismo rindiéndole pleitesía en vez de expresarle amor? Los hombres narcisistas (hay bastante más que mujeres) suelen caminar delante de su pareja, pero no la sueltan del todo porque, si es el caso, quieren lucirla, pero eso sí, sin opacarlos.

Si estás con una pareja con estas características, descubrirás que ella prefiere tener fans a tener amigos o amigas. Los narcisistas son muy malos dadores de afecto; no como el individuo indiferente, para el cual tú no existes, sino como alguien cuya existencia se justifica en tanto su pareja sea capaz de adorarlo. Mientras el sujeto indiferente no necesita tanto de la aprobación de la gente, la persona ególatra mataría por unos cuantos aplausos y algunos elogios bien puestos. Las personas narcisistas son espléndidas para recibir reforzamiento y halagos de todo tipo (si quieres retenerlas a tu lado, ríndele honores, háblales de lo maravillosas que son).

Como dije antes, el buen amor, el sano, el que vale la pena es recíproco. Si acaricias, esperas caricias; si das ternura, esperas ternura; si das sexo, esperas sexo; si eres fiel, esperas fidelidad. ¿Cómo podría ser de otra manera? Pues ocurre que este intercambio balanceado se rompe cuando los delirios de grandeza hacen su aparición, porque el narcisista solo recibe y, si da, es porque espera que alimenten su insaciable ego.

¿Realmente crees que detrás de un gran hombre hay una gran mujer? Esa frase es incompleta. La frase original la acuñó Groucho Marx y decía: «Detrás de un gran hombre hay una gran mujer y detrás está su esposa». Como sea, ambas me parecen machistas. Yo creo que puede ser al revés. Las veces que me encuentro a una *gran mujer*, alguien que se destaca, es muy exitosa o una líder importante, su media naranja anda detrás, medio desorientada y con ataques de inseguridad.

¿No crees que de tanto vivir con él o ella te has acostumbrado a inflarle el ego cada vez que lo requiera? ¿Que en algún sentido alimentas al monstruo que te devora? Sabes que con eso lo tienes a tu lado. Si sufres de apego, es esperable que despliegues las mejores estrategias de mantenimiento de la relación. Pero lo que te falta es mirar y entender el costo que eso conlleva. Podrás desarrollar tu potencial humano solo hasta que lo permita su ego. Es como vivir con un dictador.

Otra cuestión que debes tener en cuenta: si hay algo que los narcisistas no perdonan es que su pareja intente superarlos en algún aspecto importante para ellos. Una mujer me escribió por internet lo siguiente: «A él le gusta ser el centro. Es un pintor reconocido y está acostumbrado a que lo feliciten y aplaudan por sus obras en todas partes. La gente le dice *maestro*. Un día, ya que los hijos estaban grandes, decidí entrar a la Escuela de Bellas Artes y empecé a pintar. Pensé que nos uniría más como pareja. Todo iba bien hasta que nuestros amigos y algunos profesores empezaron a elogiar mis cuadros. Me di cuenta de que cuanto más avanzaba yo en mi pintura, más se alejaba él de mí... Y, bueno, empecé a pintar mal a propósito para que no se molestara... Sé que suena a locura, pero se calmó y ya estamos bien». ¿Qué entenderá esta señora por *estar bien*? ¡Si te tienes que anular para no molestar el ego de tu pareja y mantener su *estatus*, pues tu relación es poco menos que un desastre! El juego de sube y baja es muy común en estos casos. El narcisista acepta que su pareja crezca, siempre y cuando no vea peligrar su grupo de admiradores, porque si la pareja se excede, competirá desesperadamente por acaparar la atención y las adulaciones de sus allegados. ¿Qué debería hacer la señora? Dos cosas: la primera, comprender y tomar conciencia de que si alguien promueve su anulación como persona para obtener beneficios, no la ama; la segunda sería no abdicar en su autorrealización, cueste lo que cueste. Pintar y pintar. Podría también, a la vez de seguir con su vocación, tratar de salvar la relación, pero si no es posible y el narcisismo intenta imponerse, debería ganar la vocación.

¿Te ha calado el lavado cerebral de que definitivamente eres *inferior* a él o a ella? Observa si tu comportamiento raya en la veneración. Pueden ser pequeños indicadores de postración, idolatría o respeto exagerado. Microsometimientos que ves naturales por la costumbre. ¿Has caído en ello? ¿Tu pareja tiene más privilegios que tú? Y si es así, ¿por qué aceptas esa distinción? Te aseguro que la persona que amas no vuela, no es de otra galaxia ni posee superpoderes. Pero entre todos sus puntos débiles, que con seguridad tiene, lo que más teme, su *kriptonita*, es su necesidad de aprobación. ¿Quieres que te deje de amar? Deja de admirarlo, trátale de igual a igual (como debería ser), sin lisonjas, sin apologías a su ego, y entonces es probable que se enfade y se indigne, porque no eres capaz de ver su magnificencia. Aterriza tus sentimientos, no idealices a nadie y menos a tu compañera o compañero, no alimentes su esquema de *grandiosidad*, que en vez de hacer el amor, le harás reverencias.

Ojalá pudiera decirte que es posible desarrollar tu potencial a la sombra de un amor egoísta, pero no hay manera. Es imposible entrar a un corazón ocupado por un ego acaparador: «Me amo tanto a mí mismo que no hay lugar para nadie más». Categórico, excluyente y la esencia misma del antiamor.

Algunas sugerencias y reflexiones para que no dejes que el ego de tu pareja te aplaste

- Una paciente me decía: «Cuando lo conocí, me pareció increíble. Buen mozo, alto como yo, con mundo, todos parecían quererlo, exitoso, seductor; en fin, no me pude resistir. Hoy, desde que vengo a las consultas, me está pasando algo curioso; a medida que avanzamos en la terapia, es como si su verdadero ser aflorara y puedo verlo como realmente es. Quizá miraba para otro lado. Es como si tuviera muchas máscaras y una a una se le fueran cayendo. Estoy pasando del amor a la lástima. No puedo odiarlo ni me interesa hacerlo. Me estoy dando cuenta de que está enfermo y él no lo sabe ni lo admitirá jamás. De todas maneras, si continúo a su lado terminará destruyéndome». Congruente con lo que dijo, al cabo de unos meses, lo dejó. El hombre, a los pocos días, ya estaba con otra.

• Lee este pequeño relato de Oscar Wilde y te quedará claro que un narcisista, sea quien sea, no puede ni admirar de verdad ni amar. Se titula *El reflejo*:

Cuando murió Narciso, las flores de los campos quedaron desoladas y solicitaron al río gotas de agua para llorarlo.

—¡Oh! —les respondió el río—, aun cuando todas mis gotas de agua se convirtieran en lágrimas, no tendría suficientes para llorar yo mismo a Narciso: yo lo amaba.

—¡Oh! —prosiguieron las flores de los campos—, ¿cómo no ibas a amar a Narciso? Era hermoso.

—¿Era hermoso? —preguntó el río.

—¿Y quién mejor que tú para saberlo? —dijeron las flores—. Todos los días se inclinaba sobre tu ribazo, contemplaba en tus aguas su belleza...

—Si yo lo amaba —respondió el río— es porque, cuando se inclinaba sobre mí, veía yo en sus ojos el reflejo de mis aguas.

• ¿Te imaginas una relación entre dos narcisistas? Se enfrentarían a los pocos minutos, competirían y cada uno buscaría acabar con el otro. Dirían al unísono:

«¿Cómo es posible que no me admire ni vea que soy superior?», como dos pavorreales desplegando su cola para intimidar al oponente. Por eso la pareja ideal para una persona que sufre de grandiosidad es la que reúne las características de dependiente/sumisa, porque aceptará jugar el papel de vasalla. Estará a sus órdenes, le dirá lo que quiere escuchar y lo elogiará cada vez que lo necesite.

• El punto débil de la persona con delirios de grandeza es la crítica. Si el cansancio hizo mella en ti y quieres alejarte poco a poco, porque sientes que no eres capaz de romper de una vez, podrías empezar haciéndole algunas *críticas constructivas* a su manera de comportarse. No tengas miedo; a no ser que sea un psicópata. Dentro de esas críticas, insisto, *constructivas*, podrías colar el hecho de que no te sientes amada o amado debido a su egolatría ¿Tomará conciencia? No creo. El problema es estructural. Entonces, ¿para qué? Hazlo para ti. Para que lo dejes de ver tan arriba y lo bajes de las nubes, para equilibrar la relación, para deshacer el papel de fan que has asumido, para que te convenzas de que es de carne y hueso. Y, sobre todo, para que pierdas el temor a ser como eres en su presencia.

• ¿Realmente quieres una relación de doble moral? Frente al mundo dan la imagen de pareja unida y equilibrada (incluso, cuando están juntos ante la gente, el narcisista suele mostrar acercamientos cariñosos, previamente ensayados) y en la intimidad del hogar, el ego cada vez se desborda como un aluvión. ¿Por qué? Porque le importa mucho que el mundo crea que es una buena pareja y mantener su imagen limpia de toda mancha. ¡Cuántas condiciones! ¡Qué aburrimiento tener que seguirle la corriente!

- La idea es que si estás con una persona así, tomes plena conciencia y comprendas con toda claridad que estás en una relación enfermiza y debes escapar, salirte o pedir ayuda, pero no seguir dejando la cabeza en la guillotina para que él o ella intenten acabar con lo que te queda de autoestima. Los tres pensamientos irracionales que caracterizan a una persona ególatra en pareja son: «Mis necesidades son más importantes que las tuyas», «Qué suerte tienes de que yo sea tu pareja» y «Si me criticas, no me amas». Imbebible, inadmisible, inaceptable. ¿Cómo no rompe tu dependencia esta manera de pensar? ¿Tan grande es el miedo? Pues ¡enfréntalo! Si el costo de la dignidad es elaborar un duelo, vale la pena. No tiene sentido estar con alguien que siente que te está haciendo un favor. (Retrocede, por favor, a la primera parte y repasa «Ocho razones por las cuales aguantamos a una pareja que es motivo de sufrimiento»).

- Léele a tu pareja este relato *antinarcisista* que le copio a Ramiro Calle de su libro *Cuentos espirituales de la China*:

Era un hombre excepcionalmente vanidoso y que, aún en las cosas más simples, quería llamar la atención. Se encontró con un joven y le dijo:

—Tengo un tambor tan enorme que su sonido se puede escuchar a más de mil kilómetros.

El estudiante repuso sonriente:

—Pues, amigo, yo tengo una vaca de tamaño tan descomunal que cuando anda y apoya las patas delanteras, tarda todo un día en apoyar las patas traseras.

El hombre protestó:

—¡No puede haber vacas tan grandes!

Y el estudiante dijo:

—¿Ah, no? Entonces, dime, ¿de dónde crees que sacan la piel para hacer tu tambor?

Cuando termines, míralo a los ojos, sostenle la mirada y pregúntale qué piensa de la vanidad. Independientemente de lo que responda, quédate con el mensaje del cuento.

Una carta de despedida

Aquí tienes un prototipo de carta de despedida para darle un adiós definitivo a quien te ha amargado la vida tratando de empequeñecerte y exigirte veneración en vez de amor. Esta carta representa una ruptura con la aceptación de la idea de grandiosidad de la persona que amaste o aún amas. El solo hecho de escribirla mostrará que él o ella no han logrado someterte. Hazla tuya, que sea un precedente para que nunca más estés con alguien que se crea más que tú.

Querido/a

Después de tantos años de agrandar tu ego, de someterme a un triste papel secundario, de apoyarte cuando alguien te rechazaba, confirmando que no eras tan genial como creías, de elogiarte por cualquier cosa que dijeras o hicieras para resarcir tu *yo* herido, luego de tanta soledad y de girar a tu alrededor como si fueras el astro rey y yo un simple satélite, después de todo esto, un día cualquiera me levanté y no me reconocí en el espejo. En ese preciso instante, lo que sentía por ti se esfumó. Ni siquiera elaboré un duelo, fue inmediato, holístico, arrebatador. Cuando pudiste percibir mi frialdad y distanciamiento, te indignaste. Tu rabia se manifestaba en silencio, como si dijeras: «¡Cómo se atreve a pensar más en ella que en mí!». Aún recuerdo ese gesto de asombro cuando te dije a tabla rasa que tú no eras más que yo, que en el peor de los casos estábamos al mismo nivel. Hasta quisiste explicarme que tenía una confusión, que estaba sesgando la realidad, que uno debía aceptarse como era, que me protegerías siempre. ¿Protegerme? ¡Pero si eso es lo que yo hice contigo por diez años! Me cansé de tu estúpida sonrisa comprensiva cuando la gente no veía tus virtudes personales por ningún lado, me cansé de tus delirios de grandeza, que nuestro sexo se redujera a tu masturbación, me cansé de ser tu mascota. Qué hastío quererte, qué complicado poder estar a tu lado sin sentirme menos. En fin, búscate a otra persona que te crea el cuento; yo ya desperté. No quiero volver a verte en mi vida. Para mí ya no existes desde ahora.

* **Nota importante.** No se la entregues personalmente. Intentará humillarte, menoscabarte o someterte de nuevo para que le rindas honores. Mejor una carta por mensajería, con la firma: «YO recargado». Quítalo de tu vida como si fuera un virus. Que nunca más escuches: «Existes por mí y para mí». *Out*.

EPÍLOGO

A lo largo de mi vida he realizado algunos cambios de fondo, vitales, difíciles, motivados por un cansancio que salía de lo más profundo de mi ser. No era un acto de la razón, sino una manifestación de rechazo del mismo cuerpo, de la biología más básica: no daba más. Y en esos momentos, una curiosa forma de valentía se apoderaba de mí, una valentía cognitiva: aceptaba lo peor que podía suceder. El hastío podía más que un análisis sesudo de las consecuencias.

Y no me fue mal. No era un capricho, sino una manera de ver las cosas como realmente eran. Tampoco se trataba de tirar la toalla de manera irresponsable. El tiempo me mostró que ese empuje que se originaba en aquel cansancio vital era acertado, poseía su propia sabiduría. Pero lo que también entendí es que, en determinadas situaciones, podría haberme dejado llevar por mi intuición/instinto y podría haber sufrido menos. No me refiero necesariamente al tema afectivo, sino también a otros órdenes de la vida que procrastiné estúpidamente, algo que se veía venir y yo trataba de evitar por puro miedo. Estudié ingeniería poco más de cuatro años, sabiendo que no me gustaba. ¿Cuándo lo

supe? A los pocos meses de comenzar. En el segundo
año empecé a cansarme de la física, la computación
y de mis profesores. En el tercer año ya estaba agota-
do y todo me costaba un gran esfuerzo. En el cuarto
año prácticamente era un zombi, como si me hubieran
robado el alma, repetía mecánicamente las cosas, sin
criterio, sin la mínima motivación, como un castigo. Y
finalmente, contra viento y marea, mandé todo al diablo. Aún recuerdo mi felicidad cuando salí de la facul-
tad sabiendo que no volvería nunca más. Era un pájaro
que se disponía a volar y a explorar el mundo. Sobre
todo a recuperar mi capacidad de asombro, que estaba
reducida a su mínima expresión. Podría haberlo hecho
al finalizar el primer año de carrera, pero no tuve el
coraje y la presión familiar me llevaba a persistir en un
absurdo. En el segundo año me pegué a la esperanza
y no quería defraudar a mi familia. En el tercero, me
dije que quizás debería darle más tiempo para que la
vocación hiciera su aparición. En el cuarto pensaba en
la sensación de fracaso que tendría si abandonaba; en
fin, un mar de calamidades. Pero en cada momento, el
hastío, ese cansancio esencial, me indicaba el camino
de escape.

El peor enemigo de los cambios es el miedo. Miedo
a lo que quieras. Ya vimos algunos de los motivos por
los que aguantamos un amor irracional, absurdo o peligroso. Hay que aprender a no seguir en una lucha inútil
cuando ya no tiene sentido continuar y nos estamos des-
truyendo en el intento. La mayoría de las personas que
llegan a mi consulta por problemas relacionados con el
amor lo hacen después de haber sufrido demasiado y,

luego de algunas citas, suelen decirme: «Debería haber venido antes. Tenía la esperanza de que todo se iba a resolver». ¿Y cómo iba a resolverse solo?

La postergación alimentada por una especie de pensamiento mágico y una esperanza irracional nos inmoviliza, porque ponemos la solución afuera. La clave está en actuar en cuanto se prende la alarma naranja, o en cuanto comienzas a decirte a ti mismo: «Me estoy cansando». Insisto: si te quedas quieto esperando que el poder curativo del amor se encargue, estarás cada vez peor. Hazte cargo de tus emociones, al sentimiento amoroso hay que ayudarle, porque no lo puede todo.

Hay que aprender a perder (o a ganar, si lo que te quitas de encima es una relación insoportable). Saber renunciar, en el sentido de reconocer que ya nada puede hacerse, es sabiduría. Además, los problemas hay que verlos en perspectiva. Hoy te echan del trabajo y estás que te mueres de la angustia y todo parece un desastre; la vida misma parece haber perdido sentido: «¿Por qué me ocurrió esto a mí?». Unos meses después encuentras un empleo mejor y dices: «Menos mal que me echaron de aquel trabajo de porquería». Lo mismo puede ocurrir con las relaciones afectivas: hoy sufres por una separación y cuando encuentras a alguien mejor, saltas en una pata de la alegría y te dices: «¡Bendita separación!».

Hay personas que cuando salen de un mal amor quedan anclados en *lo que podría haber sido y no fue*. ¿No es absurdo? Si ya no fue, ¿para qué gastar tiempo en ello? La contradicción es palpable: te lamentas de haber roto una relación pésima como si hubieras perdido un tesoro. Y repites: «Esto podría haber resultado si...».

Esa especie de masoquismo, en el que se extraña lo que no sucedió, se elimina si dejas que el *cansancio constructivo* tome el mando. Él se encargará de mantener activas en la memoria las razones que llevaron a la ruptura, para que no las olvides y no te enredes en dolencias irracionales. Aceptar lo que ocurrió sin paliativos, teniendo presente cómo fue en realidad la relación y no cómo me gustaría que hubiera sido.

Esta toma de conciencia sobre lo que ya no tiene sentido defender y por lo que ya no tiene sentido luchar es la que se necesita. El cansancio es información que no sabemos leer, porque lo asociamos a poca perseverancia, cobardía o huida timorata. Cuando te cansas de algo, el organismo te está diciendo: «Detén la máquina porque te estás haciendo daño». Me dirás que un deportista de alto rendimiento, por ejemplo en una maratón, no se deja vencer por el cansancio. Tienes razón, pero la relación de pareja no forma parte de ninguna olimpiada o competencia. El buen amor no requiere medallas de oro, plata o bronce; no tiene nada que demostrar ni nadie contra quien competir.

Espero que la lectura de este libro te haya servido para avanzar en tu crecimiento personal/afectivo. También confío en que *Me cansé de ti* te haya enseñado que aguantar en una relación insufrible no es un valor, sino una forma de autocastigo. Si tu amor propio toma la rienda, permitirás que el cansancio positivo o constructivo te guíe hacia un amor pleno y saludable. Eres dueño de tu dolor o de tu alegría, de ti depende.

BIBLIOGRAFÍA

Bhartes, R. (1998). *Fragmentos de un discurso amoroso*. México: Siglo XXI editores.

Baumle, A. K., y D. R. Compton (2017). «Love wins?». *Contexts*, 16, 30-35.

Bolmont A., Cacioppo, J. T., y S. Cacioppo (2014). «Love is in the gaze: an eye-tracking story of love and sexual desire». *Psychological Science*. Sept. 2014;25(9): 1748-56.

Bruckner, P. (2011). *La paradoja del amor*. Barcelona: Tusquets.

Comte-Sponville, A. (2001). *El amor, la soledad*. Barcelona: Paidós contextos.

Frankfurt, H. G. (2016). *Las razones del amor*. Bogotá: Paidós contextos.

Gawda, B. (2012). «Associations between anxiety and love scripts», *Psychological Reports*, 111, 293-303.

Graham, J. M. (2010). «Measuring love in romantic relationships: A meta-analysis». *Journal of Social and Personal Relationships*, 28, 6, 748-771.

Grossi, R. (2014). «Romantic Love: Our "cultural core", "general ideology" and "undeclared religion"?». *Contemporary Sociology*, 43, 637-639.

Han, B. (2017). *La expulsión de lo distinto*. Barcelona: Herder.

Illouz, E. (2009). *El consumo de la utopía romántica*. Buenos Aires: Katz.

Lipovetsky, G. (1999). *La tercera mujer*. Barcelona: Anagrama.

_____ (2007). *La felicidad paradójica*. Barcelona: Anagrama

_____ (2016). *De la ligereza*. Barcelona: Anagrama.

Manoharan, C., y V de Munck. (2015). «The Conceptual relationship between love, romantic love, and sex». *Journal of Mixed Methods Research*, 11, 248-265.

Nanetti, F. (2015). *La dipendenza affettiva*. Bologna: Pendragon.

Precht, R. D. (2011). *Amor. Un sentimiento desordenado*. Madrid: Siruela.

Raynaud, M., Karila, L., Blecha, L., y A. Benyamina, (2010). «Is love an addictive disorder?», *The American Journal of Drug and Alcohol Abuse*, 36, 261-267.

Rohman, E., Führer, A., y H. Bierhoff (2016). «Relationship satisfaction across european cultures». *Cross-Cultural Research*, 50, 2, 178-211.

Sanchez, I. H. (2016). *Sobre el amor y el miedo*. Madrid: Averigani.

Sbarra, D. A., y E. Ferrer (2006). «The structure and process of emotional experience following nonmarital relationship dissolution: Dynamic factor analyses of love, anger and sadness». *Emotion*, 6, 224-230.

Villegas, M., y P. Mallor (2017) *Parejas a la carta*. Barcelona: Herder.